KB040574

체육시설 강습운영 개선 방안:
대구광역시를 중심으로

박영호 · 신홍범 공저

박영사

이 저서는 2020년 대구광역시(대구시설공단)의 재원으로 계명대학교 산학협력단의 지원을 받아 수행된 연구를 바탕으로 출판되었음.

차례

Chapter 1
추진개요

1. 대구시설공단 현황 ·· 9

    1-1. 대구시설공단 현황 ··· 9
    1-2 대구시설공단 수탁 체육시설 현황 ······················· 10
    1-3 체육시설 운영 현황 및 강사 현황 ························· 11
    1-4 연구의 목적과 필요성 ·· 13
    1-5 연구의 방향과 범위 ··· 15

Chapter 2
연구 수행계획

    2-1 연구의 특성 이해 ·· 19
    2-1-1. 체육시설 위수탁 강습운영 모델 ···················· 19
    2-1-2. 강습 운영 개선 ·· 20
    2-1-3. 공무직 강사의 평가기준 설정 ························· 20
    2-2 추진일정 ·· 21

Chapter 3
타시도 사례분석

    3-1 광주광역시 ··· 25
    3-2 인천광역시 ··· 33
    3-2-1. 체육시설 현황 ··· 33
    3-2-2. 인천광역시 체육시설 운영 현황 ····················· 36
    3-2-3. 인천광역시 시립체육시설 관리운영 조례 검토 ·········· 41

3-2-4. 인천광역시 체육시설 운영·관리의 특징 ································ 48

Chapter 4

공공체육시설 관리운영 현황

4-1 대구광역시 공공체육시설 일반현황 ····························· 53
4-2 대구시설공단 운영현황 ··· 55
4-2-1. 인력현황 ··· 55
4-2-2. 사업소별 내부진단 ·· 56
4-2-3. 내부진단 종합 결과 ······································· 61

Chapter 5

체육시설 위수탁 강습운영모델 설계

5-1 위수탁 강사료 지급기준 설정 ··································· 69
5-1-2. 현황 파악 및 분석 ··· 69
5-1-3. 대구시설공단 위수탁 강습료 현황 파악 및 분석 ·············· 75
5-1-4. 위수탁 강사료 지급기준 모델 설계 Ⅰ ····················· 93
5-1-5. 위수탁 강사료 지급기준 모델 설계 Ⅱ ···················· 109
5-2 위수탁 강사평가제 모델 설계 ································· 125
5-2-1. 주요 도시 사례 ·· 125
5-3 위수탁 강사 재계약 기준 마련 ································ 130
5-3-1. 주요 도시 사례 ·· 130

Chapter 6

강습 운영 개선

6-1 대덕승마장 강습 적정화 방안 ································· 141
6-1-1. 타시도 승마장 강습 및 개인레슨 현황 ····················· 141
6-1-2. 대덕승마장 운영 현황 및 내부평가 ······················· 142
6-1-3. 대덕승마장 강습운영 개선 방안 ·························· 143
6-2 대구실내빙상장 강습 적정화 방안 ···························· 150

Chapter 7

공단에 직접 고용된 체육시설 내(內) 강사의 평가기준 설정

7-1 공무직 강사의 현황 파악 및 분석 ·· 155

7-1-1. 타시도 공무직 강사평가의 검토 ·· 155

7-1-2. 대구시설공단 체육분야 공무직 평가 ································· 158

7-2 공무직강사 평가 모델 ·· 161

붙임자료 타시설 위수탁 계약서 ·· 167
참고문헌 ··· 179

Chapter 1
추진개요

1-1 대구시설공단 현황

1-2 대구시설공단 수탁 체육시설 현황

1-3 체육시설 운영 현황 및 강사 현황

1-4 연구의 목적과 필요성

1-5 연구의 방향과 범위

1. 대구시설공단 현황

대구시설공단 변천

대구시설공단은 대구광역시의 주요 시설을 관리하는 주최로 체육시설을 비롯한 공원 등 주요 도시기반 시설을 관리하는 주체로 우수한 성과평가 등을 통하여 경영관리에 집중하였음

1-1 대구시설공단 현황

주요 연혁	(1990년대) 기반구축 및 인프라 조성	(2000년대) 경영혁신 및 능률 강화	(2010년대) 지속가능경영체계 강화
목표	도시 주요 시설의 관리를 위한 체계 및 조직 정립	지방공기업으로 경영성과 향상을 위한 노력	시설관리의 효율성 제고 및 시민을 위한 공기업으로 성장
주요 내용	• 1992년 설립 인가 • 두류수영장 및 공영주차장, 장묘사업 장 등의 관리업무 수탁 • 연봉제 및 직원공개채용 등을 통한 조직 정비	• 99지방공기업 경영대상 및 2005지방공기업 경영대상 우수상(국무총리상) 수상 • 체육, 문화, 공원 및 , 시티투어 등의 전반적 관리업무 강화 • 혁신적인 직제개편으로 경영성과를 위한 노력을 지속	• 올림픽기념국민생활관, 대구사격장, 대덕승마장, 대구실내빙상장, 서재문화체육센터 등 시민들의 건강한 체육활동을 전개 • 농촌사랑대상 국무총리상 및 문화시민운동 대상 수상 등을 통해 지속적인 경영 개선의 노력
시사점	초기 단계에 실제 시민이 스포츠에 관심과 참여를 높이기 위한 세밀하고 전문적인 전략이 미흡	스포츠시설의 위수탁에 관한 경험을 많이 쌓으며, 체계적으로 관리하였지만, 수익창출과 전문 강사의 채용 등의 관리는 미흡	대구시 스포츠 관련 인프라(시설, 콘텐츠, 강습운영 등)를 전반적으로 내포하는 '대구시설공단의 전문 강사 채용 시스템' 필요

체육시설운영과 관리의 토대

대구시설공단은 대구 시민들을 위한 여러 공공체육시설의 수탁을 통해 생활체육의 활성화와
시설의 운영 및 관리에 관한 표준과 경영성과를 높이는 선도적 역할을 수행

두류수영장	올림픽기념 국민생활관	대구실내빙상장	대덕승마장	서재문화 체육센터
대구를 대표하는 두류수영장 수탁을 첫 단추로 시작	대구 공공체육시설 운영과 관리의 기본적인 모델과 운영의 토대 마련		공공체육시설의 환경개선과 생활체육 활성화를 선도	

대구시 스포츠 운영현황

대구시설공단에서 수탁하는 체육시설별 경영성과의 편차가 심하고 특히 종목 간에 운영수익이나 강사채용이 차등이 있음. 체육시설의 운영과 관리는 우수하나 강사채용의 기준과 조례 등의 개정을 통해 개선이 필요함

□ 운영 현황

사업장	강습방법	강습종류
두류수영장	직영	수영, 아쿠아로빅
	위수탁	G·X프로그램(요가, 에어로빅, 줌바댄스)
올림픽기념국민생활관	직영	수영, 아쿠아로빅, 헬스
	위수탁	G·X프로그램(요가, 에어로빅, 댄스스포츠, 실버댄스, 줌바)
서재문화체육	직영	수영, 아쿠아로빅, 탁구, 헬스
	위수탁	G·X프로그램(요가, 댄스), 배드민턴, 헬스
대덕승마장	직영	일반승마, 재활승마
	위수탁	상담치료(놀이치료, 미술치료, 언어치료)
대구실내빙상장	직영·위수탁	쇼트트랙, 피겨

□ 강사 현황

• 공무직 강사 현황

　– 운영인원 : 54명(수영 40, 아쿠아로빅 6, 헬스 4, 탁구 2, 빙상 2)

　– 계약형태 : 직접 고용 계약

　– 근무평가 : 관리자평가, 실적평가, 다면평가, 고객평가 등 평가기준
　　적용

• 위수탁 강사 현황

　– 운영인원 : 38명(요가 6, 에어로빅/줌바 2, 댄스 5, 배드민턴 2, 헬스
　　3, 상담치료 5, 빙상 15)

　– 계약형태 : 위수탁(프리랜서) 계약

　– 강사료 지급 : 강습 수입의 일부분을 계산하여 예산으로 강사료
　　지급

　– 모집 방법 : 결원 발생 시 모집, 1년 단위 재계약, 별도 평가제도
　　없음

　　※ 두류수영장은 공무직 평가기준을 준용하여 위수탁강사 평가제 운영(2019. 12월)

□ 목적

- 공단과 위수탁강사 계약을 체결하고 체육시설 내에서 각종 프로그램을 운영하는 강사들의 강습 운영, 위수탁 계약의 방법, 강사료 지급 방식, 강사 평가 및 재계약 등 위수탁 강사 운영 전반에 대한 효율적이고 안정적인 위수탁 강사 운영모델을 설계

- 체육시설 중 승마장과 빙상장 내에서 이루어지는 위수탁 강습 및 개인레슨에 적정화 방안을 설계하여 체육시설 내에서 이루어지는 강습에 대한 명확한 기준을 수립

- 공단 공무직 강사에 대한 평가기준을 정립하여 평가의 수용성, 적정성을 도모

□ 필요성

- 공무직 강사
  - (강사 평가) 직렬별·강습 과목별 특성 미반영(실적평가, 고객평가)
    : 강사의 자질과 무관하게 상대적으로 강습 충성도가 높은 종목 및 강습반이 유리

• 위수탁 강사

  - (강사 모집 및 계약)
   : 공개모집 절차 부재, 기존 강사의 1년 단위 재계약
  - (강사료 지급 기준)
   : 사업소별 상이한 기준, 강사료 산정 방법의 체계화 필요
     ※ (두류) 강습 수입의 40%, (올림픽·서재) 강습 수입의 50%, (승마장·빙상장) 시간
        당 수당 지급
  - (강사 평가 방법) 별도 평가 방법 부재 → 재계약에 관한 근거 부족

대구시설공단 체육시설의 위수탁 강습의 체계적이고 합리적인 운영 방법은 무엇인가?

□ 연구의 방향

- 사례조사 및 분석

  - 공단의 강습(강사) 운영 실태와 타시도 사례 비교분석,
  - 기존 연구자료 및 문헌자료 조사 분석, 예상 경영수지 및 관련 법률 검토

- 위수탁 강사 운영 모델 설계

  - 위수탁 강사료 지급 기준, 강사 평가 기준 및 방법, 계약 기준 설정 등
  - 위수탁 강사 운영 전반을 포함한 공정하고 합리적인 모델 설계

- 공무직 체육강사 근무평정 모델 제시

  - 이용고객, 관리자 등 내·외부 이해관계자들이 공감 가능한 평가 기준 제시

□ 연구의 범위

• 연구 대상 체육시설의 강습 현황

두류수영장	수영, 아쿠아로빅, 요가, 에어로빅, 줌바댄스 강습
올림픽기념국민생활관	수영, 아쿠아로빅, 헬스, 댄스스포츠, 실버댄스, 줌바댄스, 요가, 에어로빅 강습
서재문화체육센터	수영, 아쿠아로빅, 탁구, 헬스, 요가, 댄스, 배드민턴
대구실내빙상장	쇼트트랙, 피겨 강습
대덕승마장	일반승마, 재활승마, 놀이치료, 미술치료, 언어치료 강습

- 타도시 체육시설의 강습 운영 실태조사
- 각종 모델 설계를 위한 기존 문헌자료 및 연구자료 활용
- 위수탁강사 강사료 지급 기준, 평가 방법, 재계약 기준 등 운영모델 설계
- 승마장·빙상장 내 위수탁 강습 및 개인레슨 적정화 방안 설계
- 공단 공무직 강사들의 평가기준 및 평가방법 모델 설계

Chapter 2
연구 수행계획

2-1 연구의 특성 이해
2-2 추진일정

□ 연구 목적 및 추진 방향

- 연구명 : 체육시설 강습운영 개선에 관한 연구: 대구광역시를 중심으로

- 연구 목적
  - 대구시설공단 체육시설 강습운영에 대한 선진화−전략적 운영 모델 개발
  - 위수탁 강사들을 위한 체계적인 기준 마련과 안정적인 운영 모델의 설계
  - 공무직 강사들에 대한 평가 방안 마련

- 연구 과제

2-1-1 체육시설 위수탁 강습운영 모델

- 강사료 지급기준 설정
  - 현황 파악 및 분석, 모델 설계

- 강사 평가제 모델 설계
  - 현황 파악 및 분석
  - 모델 설계(평가기준, 방법, 주체)

2-1-2 강습 운영 개선

• 승마장, 빙상장 위수탁 강습 적정화

   − 사례조사, 근거 검토, 모델 설계

2-1-3 공무직 강사의 평가기준 설정

• 공무직 강사의 평가모델 설계

   − 현황 파악 및 분석, 모델 설계

□ **연구 기간**

• 2020년 7월 ~ 2020년 12월

project \ 일정		8월	9월	10월	11월	12월
Ⅰ. 체육시설 위수탁 강습 운영모델 설계	1. 강사료 지급 기준 설정		■			
	2. 강사료 평가제 모델 설계		■			
	3. 강사 재계약 기준 마련		■			
Ⅱ. 승마장·빙상장 위수탁 적정화 방안	1. 전국 승마장 및 빙상장 강습 현황 조사			■		
	2. 승마장 및 빙상장의 위수탁 적정화 방안 설계				■	
Ⅲ. 체육시설 공무직 강사의 평가 기준 설정	1. 공무직 강사 평가의 적정성 검토 및 사례, 비교 분석			■		
	2. 평가 기준 수정 및 모델 설계				■	
Ⅳ. 보고서 작성	1. 결과 종합 및 보고서 작성					■

Chapter 3
타시도 사례분석

3-1 광주광역시
3-2 인천광역시

□ **스포츠를 통한 1등 광주건설 초석 마련**

• 광주시는 그동안 지역 체육발전을 위해 매년 관련 예산을 증액하여 체육인 프라 확충은 물론, 엘리트 체육육성, 장애인 및 생활체육 활성화에 노력을 기울이고 있으며 엘리트 체육발전을 위한 지역대표 및 우수선수 육성, 체육 지도자 육성, 경기가맹단체 지원, 각종 전국규모대회 개최 등을 통해 지역경 제 활성화 및 전력향상에 힘쓰고 있다.

  – 우수선수(150명) 및 체육지도자(35명) 육성
  – 시 직장운동경기부 18개 대회 출전 우수한 성적 거양(금 20, 은 13, 동 12)

• 또한, 시설물의 효율적인 관리운영과 공공서비스 극대화를 위하여 무등경기 장과 월드컵경기장을 민간 위탁함으로써 인건비 등 연간 10억원의 예산절감 효과와 월드컵경기장의 사후활용사업 적극 추진을 통해 체육시설물을 효율 적으로 관리·운영함으로써 2008년도부터 매년 25억원의 흑자를 기록, 타 시·도의 수범사례로 벤치마킹 대상이 되고 있다.

□ 체육시설 현황

- 광주월드컵경기장을 포함 30개소

표 1. 광주광역시 체육시설 현황

명칭	위치
1. 종합체육관	서구 금화로 278(풍암동)
2. 광주축구센터	서구 금화로 278(풍암동)
3. 승마장	서구 금화로 278(풍암동)
4. 올림픽기념국민생활관	서구 금화로 278(풍암동)
5. 광주실내수영장	서구 금화로 278(풍암동)
6. 염주테니스장	서구 금화로 278(풍암동)
7. 검도장	서구 금화로 278(풍암동)
8. 광주실내빙상장	서구 금화로 278(풍암동)
9. 염주골프센터	서구 금화로 278(풍암동)
10. 국궁장	남구 중앙로 110번길 36(사동)
11. 무등야구장	북구 서림로 10(임동)
12. 중흥정구장	북구 우치로1번길 10(중흥동)
13. 광주월드컵경기장 주경기장	서구 금화로 240(풍암동)
14. 광주월드컵경기장 보조경기장	서구 금화로 240(풍암동)
15. 광주전천후게이트볼경기장	서구 상무누리로 123(치평동)
16. 광주전천후테니스장	서구 금화로 278(풍암동)
17. 빛고을체육관	서구 금화로 278(풍암동)
18. 용산정구장	동구 화산로 318-12(용산동)
19. 수원인라인롤러장	광산구 장덕로96번길 15(수완동)
20. 염주파크골프장	서구 금화로 278(풍암동)
21. 첨단대상파크골프장	북구 추암로 190(월출동)

명칭	위치
22. 동림다목적체육관	북구 북문대로 200(동림동)
23. 진월국제테니스장	남구 화산로 30(진월동)
24. 광주-기아 챔피언스필드	북구 서림로 10(임동)
25. 광주광역시체육회관	서구 금화로 278(풍암동)
26. 광주광역시장애인종합체육센터	서구 금화로 278(풍암동)
27. 남부대시립국제수영장	광산구 첨단중앙로 23(월계동)
28. 광주여대시립유니버시아드체육관	광산구 여대길 201(산정동)
29. 광주국제양궁장	남구 희재로 1189-1(주월동)
30. 보라매축구공원	광산구 장암길 19(신촌동)

□ 조직도

광주광역시체육회

조직도

```
                        회장
                         │
                       사무처장
                         │
                       사무차장
        ┌────────────┬────────────┬────────────┐
     경영지원부장     전문체육부장     생활체육부장      시설관리부장
     ┌────┐      ┌────┬────┬────┐  ┌────┬────┐  ┌────┬────┬────┬────┐
    기획   재무    체육   전문  스포츠  생활체육 생활체육  염주팀 월드컵팀 무등팀 진원팀
    총무팀 회계팀  지원팀 체육팀 과학센터 사업팀  진흥팀
```

시설관리부 4개팀으로 구성 총 36명 근무
- 염주팀(팀장포함 10명)
업무: 시설관리 및 운영에 관한 전반적인 업무   - 월드컵팀(팀장포함 12명)
　　　시설대관 및 위수탁 계약, 기계, 건축, 전기, 통신 등   - 무등팀(팀장포함 9명)
- 진월팀(팀장포함 4명)

□ 운영시설 현황

- 월드컵경기장 포함 20개소 관리·운영

순	구분	주소	부지 면적(㎡)	건축 연면적(㎡)	규모면적(㎡) (경기장규모)	준공 연도	수용 인원
1	체육회관	서구 금화로 278 (풍암동)	15,248	9,059	지하 1층 ,지상 4층 1,050㎡ (다목적체육관) 주차 41	2015.4.13	412
2	염주 종합체육관	서구 금화로 278 (풍암동)	61,785	22,588	1,814(50.4×36) 주차 214(약 3,000㎡), 실내높이 :19.357	1987.10	6,420
3	빛고을 체육관	서구 금화로 278 (풍암동)	10,140	5,612	1,663(50.4×33) 주차 42(483㎡)	2007.9	1,475
4	국민 생활관	서구 금화로 278 (풍암동)	9,917	8,615	1,008(체육관)	1991.9.5	180
5	전천후 테니스장	서구 금화로 278 (풍암동)	4,959	3,714	3,098(4면)(11×24)	2006.6	208
6	월드컵 경기장	서구 금화로 240 (풍암동)	326,369	69,459	축구장 105×68 주차 2,127 육상 연장 400m (8레인×폭 1.25m)	2002.1 2004.6	40,245
7	광주국제 양궁장	남구 회재로 1187 (주월동)	45,396	2,991	지하 1층, 지상 2층 주차장 140대	2015.5	1,657
8	무등 야구장	북구 서림로 10(임동)	35,997	16,879	14,210 펜스거리 (최대 120 최소 99)	1965.9.30	9,800
9	수완인라인 롤러 경기장	광산구 장덕로 96 번길 15 (장덕동)	19,233	1,250	경기장 면적 1,197㎡	2007.10	620
10	첨단대상 파크 골프장	북구 추암로 190 (월출동)	9,173	130	파크골프장 9홀, 퍼팅연습장 등	2010	100

순	구분	주소	부지 면적(㎡)	건축 연면적(㎡)	규모면적(㎡) (경기장규모)	준공 연도	수용 인원
11	관덕정	남구 중앙로 110번길 36(사동)	5,886	189	5,439 (145×30)	1965.7	300
12	중흥 정구장	북구 우치로 1번길 10 (중흥동)	2,975	191	3,00223.77×10.97m (4면)	1977.9	500
13	광주 축구센터	서구 금화로 278 (풍암동)	14,500	99	2면, 105 m×68m	2019. 2.	100
14	검도장	서구 금화로 278 (풍암동)	1,601	796	4129.5×9.5m (2면)	1998.9	108
15	염주 테니스장	서구 금화로 278 (풍암동)	7,373	23	5,60023.77×10.97m (4면)	1994.10 2008 (건물)	100
16	승마장	서구 금화로 278 (풍암동)	33,152	2,824	10,900(주 90×70, 보 70×40, 실내 60×30)	1987.8	1,500
17	전천후 게이트 볼구장	서구 상무누리로 123 (치평동)	8,265	4,113	게이트볼 경기장 6면 (20×15m)	2006	500
18	동림 다목적 체육관	북구 북문대로 200 (동림동)	7,185	1,740	다목적체육관 (43×26m)	2011	500
19	진월국제 테니스장	남구 화산로 30(진월동)	56,672	21,782	센터코트, 쇼우코트 각 1면 서브코트 14면	2012 (6면) 2015 (10면)	4,000
20	보라매 축구공원	광산구 장암길 19 (신촌동)	67,146	62	인조 잔디 축구장 4면 (FIFA ★★규격)	2015	2,000

□ 광주광역시 체육시설 관리운영 조례 검토

제4장 체육시설의 관리

제21조(체육시설의 관리)
시장은 체육시설의 효율적인 관리 및 운영을 위하여 필요한 예산을 확보
하여야 하며, 체육시설의 종류별 규모에 적정한 전문 관리인을 확보·배치
하여 시민들이 체육시설을 이용하는데 불편이 없도록 하여야 한다.

제22조(관리위탁)
① 제21조에도 불구하고 시장은 체육시설의 효율적인 관리 및 활용을 위
   하여 필요한 경우에는 체육시설의 관리 및 운영 전반을 다음 각호에
   해당하는 자에게 위탁(이하 "관리위탁"이라 한다)할 수 있다. <개정
   2019.3.15>
1. 「지방공기업법」에 따라 시가 설립한 공사·공단
2. **체육관련 단체, 연고 프로구단, 법인 또는 개인 <신설 2019.3.15>**
② 제1항에 따라 수탁자를 선정할 때에는 「공유재산 및 물품관리법」제27
   조에 따라 선정하며, 수탁자 선정에 응하고자 하는 자는 신청서와 함
   께 사업계획서를 시장에게 제출하여야 한다. <개정 2019.3.15>
③ 제1항에 따라 관리위탁하고자 할 때에는 위·수탁계약을 체결하여야
   한다.
④ 위·수탁계약서에서는 수탁자의 의무, 위탁내용, 위탁기간, 관계법령
   에서 정한 시설관리 전문인력 확보, 체육지도자 배치, 계약내용을 위
   반했을 경우 의무이행 등 필요한 사항이 포함되도록 한다.

□ 광주광역시 체육시설 운영·관리의 특징

- 광주광역시는 시설관리공단의 부재로 체육시설의 많은 부분(20개소)을 광주광역시체육회에서 관리

  - 광주광역시체육회 내 관리부서의 통합으로 업무 간 소통이 원활
  - 각종 체육행사 및 대회 운영이 용이
  - 전문체육 및 생활체육 이용자의 증대
  - 각종 수익사업 시행 및 관리비 절감으로 지방비 예산의 효율성 강화

- 최근 광주광역시 도시공사 및 광산구시설관리공단(6개 체육시설)에서 일부 생활체육시설을 관리하고 있으며, 광주광역시체육회로 이관 등을 논의하고 있지만 도시공사 및 관리공단 직원들의 반대로 협의가 이루어지고 있지 않고 있음

  ※ 현재 국민체육진흥법 개정에 따라 광주광역시체육회의 법인화, 공단의 설립 등 논의 중

□ 광주시 체육시설 지도자 채용 기준 및 임금 체계

- 광주광역시는 조례에 따라 광주광역시체육회가 위수탁 사업자로 선정되어 시설을 관리 및 운영

- 지도자의 경우 two-track으로 운영

- 광주광역시체육회 자치 내규에 따라 종목별로 융통성을 발휘하여 운영

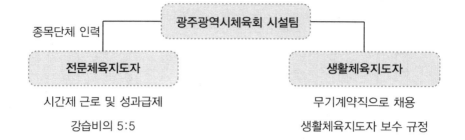

종목단체 인력

전문체육지도자

시간제 근로 및 성과급제

강습비의 5:5

광주광역시체육회 시설팀

생활체육지도자

무기계약직으로 채용

생활체육지도자 보수 규정

□ **향후 발전 방향**

- 시설관리공단 설립 추진

- 일부 시설을 제외하고 모든 체육시설을 시설관리공단에서 관리 및 운영 계획

3-2 인천광역시

3-2-1 체육시설 현황

□ 인천월드컵경기장을 포함 29개소

연번	명칭	시설명	기능	위치
1	인천월드컵경기장 (문학경기장)	주경기장	육상·축구 각종 행사	인천광역시 남구 매소홀로 618
		보조경기장	육상·축구 각종 행사	인천광역시 남구 매소홀로 618
2	문학야구장		야구	인천광역시 남구 매소홀로 618
3	도원체육관		농구·배구·핸드볼 등 각종 경기 및 행사	인천광역시 중구 샛골로 41번길 10
	도원수영장		수영	인천광역시 중구 샛골로 41번길 22
4	인천삼산월드체육관	주경기장	농구·배구 등 각종 경기 및 행사	인천광역시 부평구 체육관로 60
		보조경기장	농구·배구 등 각종경기 및 행사	
		인조잔디 축구장	축구	
5	동춘인라인롤러경기장		롤러스케이트, 인라인하키	인천광역시 연수구 능허대로 499
6	가좌테니스장		테니스	인천광역시 서구 가좌로 11번길 7
7	수봉궁도장		국궁	인천광역시 남구 수봉로 95번길 32
8	수봉양궁장		양궁	인천광역시 남구 수봉로 95번길 32
9	인천국제벨로드롬		싸이클	인천광역시 계양구 봉오대로 855
10	다목적운동장		하키, 정구	인천광역시 남구 소성로 360
11	인천올림픽기념국민생활관		수영·배드민턴 등	인천광역시 남동구

연번	명 칭	시 설 명		기 능	위 치
				각종 경기 및 행사	구월로 251
12	인천계산국민체육센터			수영·배드민턴 등 각종경기 및 행사	인천광역시 계양구 주부토길 580
13	송도 LNG 종합스포츠타운			축구·풋살·야구 각종 행사	인천 광역시 연수구 인천신항대로 916
14	송도 LNG 야구장			야 구	인천 광역시 연수구 인천신항대로 1190
15	인천축구전용경기장			축 구	인천광역시 중구 참외전로 246
16	송림체육관	체육관	주경기장	배구·배드민턴·탁구 각종 경기 및 행사	인천광역시 동구 염전로 30
			보조경기장		
		수영장		수영	
17	문학박태환수영장			수영	인천광역시 남구 매소홀로 618
18	열우물테니스/ 스쿼시경기장	테니스장		테니스	인천광역시 계양구 봉오대로 855
		스쿼시장		스쿼시	
		수영장		수영	
19	계양체육관 /계양아시아드양궁장	체육관	주경기장	배드민턴·양궁·탁구 각종 경기 및 행사	인천광역시 계양구 봉오대로 855
			보조경기장		
		양궁장			
20	남동체육관 /남동아시아드 럭비경기장	체육관	주경기장	체조·럭비 배드민턴·탁구 각종경기 및 행사	인천광역시 남동구 소래로 540
			보조경기장		
		럭비장	주경기장		
			보조경기장		
		다목적실내체육관			
21	강화고인돌체육관 /강화아시아드 BMX경기장	체육관	주경기장	태권도·BMX 배드민턴·탁구 각종경기 및 행사	인천광역시 강화군 강화읍 강화대로 603
			보조경기장		
		BMX경기장			
22	선학체육관 /선학하키경기장	체육관	주경기장	복싱·하키배드민턴· 탁구 각종 경기 및 행사	인천광역시 연수구 경원대로 526
		하키장	주경기장		
			보조경기장		
23	인천아시아드 주경기장 /연희크리켓경기장	주경기장		종합 체육시설 각종 경기 및 행사	인천광역시 서구 봉수대로 806
		보조경기장			

연번	명 칭	시 설 명		기 능	위 치
24	옥련국제사격장			사격	인천광역시 연수구 독배로 172번길 142
25	선학국제빙상경기장	빙상장	주경기장	아이스하키 스케이트, 컬링	인천광역시 연수구 경원대로 526
			보조경기장		
		컬링연습장			
26	인천장애인 국민체육센터	체육관	주경기장	골볼, 보치아 배드민턴, 농구 생활체육프로그램	인천광역시 연수구 경원대로 526
		수영장		수 영	
27	장애인체육관	체육관		배드민턴, 농구 시각축구 각종 경기 및 행사	인천광역시 연수구 앵고개로 130
		시각축구장			
28	선학파크골프장	파크골프 9홀		파크골프	인천광역시 연수구 경원대로 526
29	공촌 유수지 체육시설	파크골프장			인천광역시 서구 첨단서로 130
		축구장			

3-2-2 인천광역시 체육시설 운영 현황

인천광역시는 인천시설공단, 인천환경공단, 인천광역시체육회가 공공체육시설의 위수탁 관리·운영 주체로 참여하고 있음

□ 인천시설공단

- 아시아드주경기장 포함 6개소
  - 아시아드주경기장
  - 삼산월드체육관
  - 계산국민체육센터
  - 송림체육관
  - 계양경기장
  - 강화경기장

- 업무 : 시설관리 및 운영에 관한 전반적인 업무, 시설대관 및 위수탁 계약, 기계, 건축, 전기, 통신 등

• 조직도

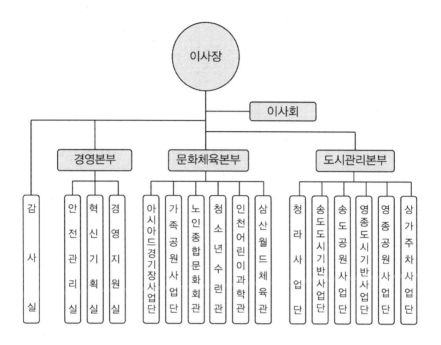

□ **인천환경공단**

• 송도사업소 내 주민편익시설운영팀

- 실내시설
  * 수영장, 잠수풀, 헬스장, 스쿼시장, 인공암장
- 골프장(par-3, 9홀) 및 골프연습장
- 캠핑장
- 축구장(승기, 송도, 청라, 가좌, 공촌)
- 테니스장(승기, 송도, 가좌, 운북)
- 배드민턴장(가좌)

- 족구장(송도, 가좌, 운북, 송산)
- 농구장(송도)

• 조직도

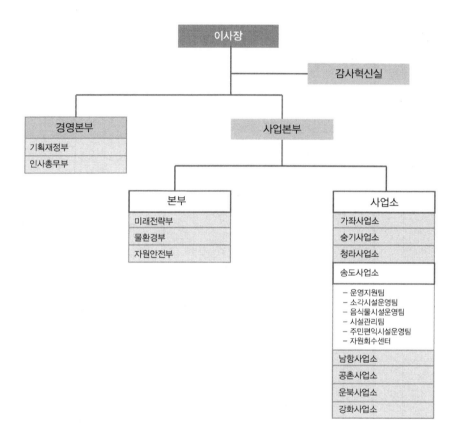

□ 인천광역시체육회

- 도원체육관을 포함 16개소

- 조직도

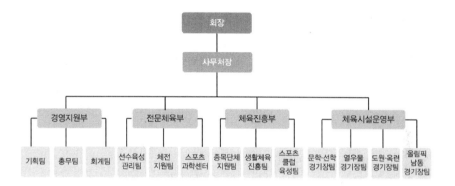

- 관리 · 운영인력

  - 체육시설운영부장 외 37명
  - 올림픽남동경기장팀: 11명
  - 도원옥련경기장팀: 8명
  - 열우물경기장팀: 6명
  - 문학선학경기장팀: 12명

• 운영시설

연번	시설명	연번	시설명
1	도원체육관	9	선학하키경기장
2	도원수영장	10	옥련국제사격장
3	올림픽기념국민생활관	11	동춘인라인롤러경기장
4	송도LNG스포츠타운	12	가좌테니스장
5	문학박태환수영장	13	수봉궁도장/양궁장
6	열우물경기장	14	문학다목적경기장
7	남동체육관	15	스포츠과학센터
8	남동럭비경기장	16	선학파크골프장

3-2-3 인천광역시 시립체육시설 관리운영 조례 검토

□ 인천광역시 시립체육시설 관리 운영 조례

제22조 (체육시설관리운영위원회)
① 시장은 체육시설의 효율적인 관리·운영을 위하여 필요한 경우 체육시
   설관리운영위원회를 구성 운영할 수 있다. <개정 2013-11-01>
② 체육시설관리운영위원회의 운영에 필요한 사항을 규칙으로 정한다.

제25조 (위탁관리)
① 시장은 <u>체육시설의 효율적인 관리 및 활용을 위하여 체육관련단체, 연
   고프로구단, 법인 또는 개인, 「지방공기업법」에 따라 시가 설립한 공
   사·공단에 위탁하여 운영</u>하게 할 수 있다. <개정 2016-07-18>
② 위탁관리하는 체육시설의 사용료는 시장의 승인을 받아 별도로 정할
   수 있다.
③ 제1항에 따른 위탁기간은 5년 이내로 하며, 「공유재산 및 물품관리법
   시행령」제19조제2항에 따라 한 번만 갱신할 수 있다. 이 경우 갱신기
   간은 5년 이내로 한다. <개정 2014-05-26>
④ 제3항에도 불구하고 그 기간을 두 번 이상 갱신할 필요가 있을 때에
   는 규칙으로 정하는 기준에 따라 수탁자의 관리능력 등을 평가한 후
   그 기간을 갱신할 수 있다. 이 경우 갱신기간은 갱신할 때마다 5년을
   초과할 수 없다. <신설 2014-05-26>
⑤ 체육시설의 운영을 위탁 또는 갱신 받고자 하는 자는 규칙이 정하는
   바에 따라 시장에게 신청하여야 한다. <신설 2014-05-26>[전문개
   정 2008-11-24]
제26조 (시행규칙) 이 조례의 시행에 관하여 필요한 사항은 규칙으로 정
한다.

□ 인천광역시 시립체육시설 관리 운영 조례 시행규칙

제15조 (체육시설관리운영위원회의 기능)

조례 제22조제1항에 따른 체육시설관리운영위원회(이하 "위원회"라 한다)는 체육시설의 효율적인 관리·운영을 위하여 위원장이 부의하는 사항에 대하여 심의·의결한다.

제16조 (체육시설관리운영위원회의 구성 등)

① 위원회는 위원장 1명을 포함하여 12명 이내로 구성한다.

② 위원장은 행정부시장이 되고, 부위원장은 위원 중에서 호선한다.
   <개정 2016-12-19>

③ 당연직 위원은 체육시설업무 담당국장으로 하고, 위촉직 위원은 다음 각 호에 해당하는 사람 중에서 시장이 위촉한다.
   <개정 2016-12-19>

   1. 시의원 1명
   2. 전문체육인 및 생활체육전문인 각 1명
   3. 스포츠 마케팅 전문가 1명
   4. 공인회계사 1명
   5. 그 밖의 체육 관련 전문가 등 5명 이내

④ 위촉위원의 임기는 3년으로 하고, 한 차례만 연임할 수 있다.
   <신설 2016-12-19>

⑤ 위원회의 사무를 처리하기 위하여 간사와 서기 각 1명을 두며, 간사는 체육시설업무 담당부서장, 서기는 해당 담당사무관이 된다.
   <개정 2016-12-19>

□ 인천시설공단 인사규정

제5조(직종, 직급 및 직위)

직원의 직종은 사무직, 기술직,<삭제>, 연구직, 실무직으로 구분하되, 그 직종별 직급 및 직위는 "별표1" 및 "별표1-1"과 같다. 다만, 업무처리를 위하여 이사장이 필요하다고 인정할 때에는 전문위원, 고문, 자문위원 또는 임시직원을 둘 수 있다. <개정 2007. 10. 9., 2009. 8. 18., 2011. 2. 22., 2011. 12. 30., 2013. 4. 8.,2014. 1. 1.>

표 2. 인천시설공단 직종, 직급 및 직위

직군	직종	직렬							비고
		1급	2급	3급	4급	5급	6급	7급	
일반직	관리직	관리	관리						
	사무직			사무	사무	사무	사무	사무	
	기술직			건축 전기 전산 토목 기계 통신 조경 환경	건축 전기 전산 토목 기계 통신 조경 환경	건축 전기 전산 토목 기계 통신 조경 환경	건축 전기 전산 토목 기계 통신 조경 환경	건축 전기 전산 토목 기계 통신 조경 환경	
	연구직			학예 연구 과학 연구	학예 연구 과학 연구	학예 연구 과학 연구	학예 연구 과학 연구	학예 연구 과학 연구	
실무직	실무직	사무원(사무,전산,비서, 서비스, 해설, 요금징수, 주차관리), 기계관리원, 전기관리원, 통신관리원, (삭제). 화장관리원, 운전원, (삭제), 토목수로원, 조경관리원, 간호원, 물리치료원, 환경관리인, 체육지도사(수영, 헬스, 교육)							

□ 인천시설공단 보수규정

• 인천시설공단 보수규정은 "인천시설공단 보수규정[시행 2020. 7. 1.] [인천시설공단공단규정 제2020-570호, 2020. 6. 15., 일부개정.]"에 따라 시행

표 3. 인천시설공단 보수규정

	1급	2급	3급	4급 /실무 1급	5급 /실무 2급	6급 /실무 3급	7급 /실무 4급	실무 5급
1	4,272,810	3,747,560	3,176,480	2,490,900	2,365,920	2,280,280	2,201,010	2,123,480
2	4,380,600	3,887,570	3,297,880	2,602,290	2,458,590	2,357,380	2,281,310	2,193,230
3	4,530,490	4,029,740	3,423,700	2,717,790	2,567,370	2,450,530	2,357,330	2,263,960
4	4,682,060	4,175,980	3,554,450	2,836,120	2,671,590	2,535,270	2,434,680	2,341,410
5	4,836,020	4,324,130	3,689,190	2,957,790	2,790,370	2,636,090	2,514,300	2,415,410
6	5,044,970	4,531,560	3,883,980	3,135,140	2,943,900	2,763,860	2,607,920	2,505,070

※ 급식비 10만원, 자가운전보조비 15만원 봉급에 포함.

□ 인천시설공단 인사규정

제4조(직종 등)
직원의 직종은 일반직·기능직·공무직·계약직으로 구분하되, 그 직종별 직렬·계급 및 직급은 "별표1"과 같다. 다만, 업무처리를 위하여 이사장이 필요하다고 인정할 때에는 전문위원, 고문, 자문위원 또는 임시직원을 둘 수 있다.<개정 2007. 3. 26., 2010. 5. 26., 2019. 5. 2.>

제29조(근무성적 평정)
① 직원의 인사관리에 적정을 기하기 위하여 매년 <u>4월말일과 10월말일을 기준으로 근무성적평정을 실시한다.</u><개정 2016. 8.1.> ② 근무성적 평정의 기준, 종류, 등급, 방법 등은 내규로 정한다.

□ **인천환경공단 직제규정**

제10조(직원)
① 직원은 <u>일반직(행정직, 기술직) 기능직, 공무직으로</u> 구분하며, 일반직 직급은 1급 내지 9급으로 하고, 기능직은 6급 내지 9급으로 하며 공무직은 직급에 구분을 두지 않는다.<개정 2007. 3. 26., 2010. 12. 15., 2018. 12. 24.>
② 일반직의 직렬은 공단 인사규정에 따른다.

표 4. 인천환경공단 공무직 근로자 정원표

구분 \ 소속	계	본부	가좌 사업소	승기 사업소	청라 사업소	송도 사업소	남항 사업소	공촌 사업소	운북 사업소	강화 사업소	신항 사업소
수상안전	4					4					
골프장	4					4					
헬스스쿼시	1					1					

• 업무분장

 – 송도사업소 : 주민편익시설(스포츠센터) 운영 및 유지 관리 업무

- 보수규정

    - 인천환경공단 인사규정에 따름

□ 인천광역시체육회 무기계약 및 기간제근로자 등 관리규칙 검토

- 근로자 분류 기준

제2조(용어의 정의)
1. "무기계약근로자"란 「기간제 및 단시간근로자 보호 등에 관한 법률」 제4조 제2항에 따라 본회와 기간의 정함이 없고 정년이 존재하는 근로계약을 체결한 근로자를 말한다.
2. "기간제근로자"란 무기계약근로자는 아니나 상시적으로 근무하면서 본회의 업무를 보조할 필요가 있는 경우 기간을 정하여 근로계약을 체결한 근로자를 말한다.<개정 2019.04.12.>

- 근로자의 구분 기준

제4조(근로자의 구분)
① "운영직"이란 기술, 사무 등의 분야에서 고용계약을 체결하여 상용으로 고유의 업무를 담당하거나 비서, 안내, 사무, 시설관리 등을 보조하는 업무에 종사하는 근로자를 말한다.
② "지도직"이란 본회 수탁 시립체육시설에서 해당 분야의 자격을 소지하고 고용계약을 체결하여 업무에 종사하는 근로자를 말한다.<개정 2019.04.12.>
③ "청원경찰"이란 청원경찰법 제2조에 따라 중요시설(무기고 등)의 경비 및 방호를 담당하는 자를 말한다.
④ "시간강사"란 1주 동안의 소정근로시간이 뚜렷하게 짧은 고용계약을 체결하는 자를 말한다.

• 기간제근로자의 무기계약 전환

제11조(기간제근로자의 무기계약 전환 등)

① 기간제근로자의 무기계약 전환 등과 관련된 사항은 본회 제2인사위원회를 통해 결정한다.

② 전환대상자 근로자 소속 팀장은 제2인사위원회 개최시 대상자에 대한 의견을 제출할 수 있다.

③ 전환대상자 평가시 근무성적 평정 결과를 반영하고 각종 인사자료를 참고하여야 한다.

④ 평가위원회는 기간제근로자의 근무기간이 2년을 초과하기 전에 전환 여부를 결정하여 해당 근로자와 부서에 통보하여야 한다. 특별한 사정이 없는 한 근무기간 2년을 초과하기 1개월 전에 통보하도록 한다.

제47조(보수지급의 원칙)

① 봉급 및 제수당은「지방공무원수당 등에 관한 규정」에서 정한 일반직공무원 9급에 준하여 지급하고, 8급 및 7급으로 승진한 직원에 대해서는 이에 준하여 지급한다. 다만, 초과근무수당, 야간근무수당, 연차수당은「근로기준법」에 따라 예산범위 내에서 지급한다. <개정 2019.04.12.>

② 청원경찰은 청원경찰법 제6조제2항 및 같은 법 시행령 제9조에서 정한 기준에 준하여 지급한다.<개정 2019. 7. 16.>

③ 제1항 및 제2항에도 불구하고 초과근무수당, 야간근무수당, 연차수당은「근로기준법」에 따라 예산범위 내에서 지급한다.<개정 2019. 7. 16.>

④ 기간제 및 시간제근로자는 본회와 근로자가 '별지 제2호 서식'에 따라 체결한 근로계약서에 따라 지급한다.

3-2-4 인천광역시 체육시설 운영·관리의 특징

□ 인천광역시 체육시설은 인천시설공단, 인천환경공단, 인천시체육회가 효율적으로 배분하여 관리

- 체육전공자를 지도자 및 사무 등 관리할 수 있도록 공단과 체육회가 채용

- 관리운영을 위한 체육, 사무, 설비, 전기 등 전문인력으로 구성

- 전문체육시설의 체육회 운영으로 각종 행사 및 대회 유치 용이

- 인천시설공단은 실무직, 인천환경공단은 공무직으로 채용

- 인천시체육회의 경우 일반적으로 기간제근로자로 채용 후, 2년 안에 무기계약직으로 전환

- 문제점

- 체육시설의 관리권 이관을 두고 경쟁 심화(인천시설공단, 인천광역시체육회, 기초단체)

기호일보

HOME > 사회 > 인천

인천AG 경기장, 기초단체서 직접 관리하면 달라질까
계양 양궁장·동구 송림체육관 등 일부 인천시에 '운영권 이관' 요청
주민 위한 다목적 체육 공간 활용 생활체육 등 되레 이용 제약 우려

2019.10.22. 기사내용

인천광역시가 소유하고 있으며 인천시설공단에서 관리하고 있는 송림체육관과 계양양궁장

의 관리권을 기초단체인 계양구와 동구에서 이관을 주장

이에 공유재산 및 물품관리법에 따라 처분(매각, 양여 등) 및 관리위탁이 불가능하고, 공공

체육시설의 용도와 목적에 반하지 않는 범위 내에서 사용수익허가를 내어줌

동구(송림체육관)-완전 이관 요구

계약구(양궁장)-사용수익허가 수용

Chapter 4
공공체육시설 관리운영 현황

4-1 대구광역시 공공체육시설 일반현황

4-2 대구시설공단 운영현황

□ **대구시설공단**

- 두류수영장 포함 6개소 운영

- 지방공기업법에 따라 체육시설 위탁 관리·운영

- 민간위탁금 지원 시설

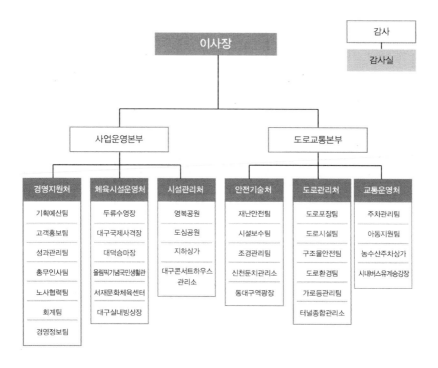

□ 대구광역시체육회

• 성서운동장 1개소 수탁 운영

• 대구체육회관 및 훈련센터, 선수촌 관리·운영

• 시설관리사업소 별도 부서 운영(4명)

  – 수탁시설 및 체육회관 관리

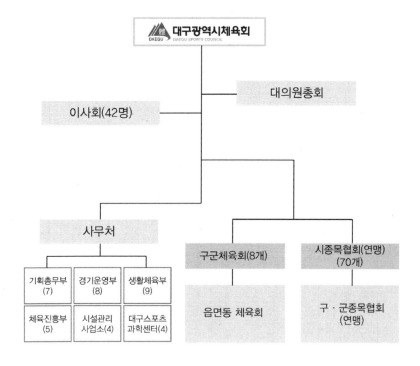

4-2 대구시설공단 운영현황

4-2-1 인력현황

사업장	계	일반직			공무직			기간제계약직		
		정원	현원	결원	정원	현원	결원	정원	현원	결원
계	181	52	47	5	112	109	3	26	25	1
체육시설 운영처	4	4	4	0	–	–	–	–	–	–
두류수영장	49	14	12	2	30	29	1	9	8	1
대구국제 사격장	29	8	7	1	20	20	0	2	2	0
대덕승마장 (승마힐링 센터 포함)	21	4	4	0	18	16	2	1	1	0
올림픽기념 국민생활관	30	8	7	1	17	17	0	6	6	0
서재문화 체육센터	30	8	7	1	18	18	0	5	5	0
대구실내 빙상장	18	6	6	0	9	9	0	3	3	0

4-2-2 사업소별 내부진단

□ 두류수영장 내부 의견

구분		내용
위수탁 강사	문제점	− 동일한 위수탁강사의 장기간 재계약으로 인한 강습 독점화 − 수영장의 필요시 강습 시간대 변경 등의 어려움 발생 − 포스트 코로나시대 강습 재운영시 경쟁력 확보 필요 − 위수탁 강사 평가 결과에 대한 강사의 이의제기시 객관성 확보 필요
	부서의견	− 외부 면접위원의 평가로 인해 객관성 확보 및 기득권 발생 차단 가능 − 수영장에서 강습 시간대 변경 등 운영상 개선 용이 − 경쟁을 통한 강습 수준 향상 가능 및 선택의 폭이 향상되어 회원의 강습 만족도 향상 기대 ※ 현재 10여 년 이상 동일 강사로 회원들의 선택이 폭이 좁아지는 부작용 발생
자체강사	문제점	− 점수 산정시 강습 재등록률이 떨어지더라도 신규 강습자가 많을 경우 유리 − 강습반이 2 ~ 6개월 이내일 경우 재등록률 평균 유지율이 6개월 이상 강습반 대비 상대적으로 불리 − 수영 강습과 아쿠아로빅 강습은 재등록률에서 수영강습이 불리
	부서의견	− 전달대비 당월 재등록률을 기준으로 실적 계산 ex) 지난달 40명 이번 달 재등록률 30명, 신규 10명일 경우 기존 : 재등록률 100%, 개선안 : 75% 적용 − 강습반 2 ~ 6개월 이하 반은 재등록률 인원을 5% 가점 부여 − 아쿠아로빅 강사가 2명 이상일 경우 수영강사와 분리하여 별도 평가하고 최종 결과 점수에서 수영강사와 합쳐서 평가

□ 서재문화체육센터 내부의견

구분		내용
위수탁 강사	문제점	– 포스트 코로나시대 강습 재운영시 경쟁력 확보 필요 – 동일한 위수탁강사의 장기간 재계약으로 매너리즘 발생
	부서의견	– 매달 수업시작 전 한달 프로그램 계획서 제출 – 체육시설 공무직 평가반영에 포함되는 수업만족도, 강습이월률, 고객만족에 대한 평가실시 – 공개수업 또는 참관수업 실시 – 관련자격증 퀄리티에 따라 인센티브 지급

자체강사	문제점	– 강사의 자질과 무관하게 상대적으로 강습 충성도가 높은
		  종목 및 강습반이 유리함
		– 프로그램에 따라 고객평가의 편차가 있음
		– 다면평가 같은 경우 수기 평가시 익명성 보장이 결여됨
		– 수영 강습과 아쿠아로빅 강습은 재등록률에서 수영강습이
		  불리함

	부서의견	– 체육시설사업장을 분리하지 않고 수영강사는 수영강사끼리
		  아쿠아는 아쿠아강사 헬스는 헬스강사끼리 평가도입
		– 단, 탁구는 현재 서재에만 강사가 있기 때문에 올림픽을
		  탁구 직영으로 운영시 서재에 있는 탁구강사를 나누어서
		  근무
		– 다면평가 같은 경우 수기 평가시 익명성 보장이 결여됨,
		  익명성 보장되는 MIS로 평가
		– 타도시 평가기준 검토

□ 올림픽기념국민생활관 내부의견

구분		내용
위수탁 강사	문제점	− 현재 급여지급 방법 : 강습료 수입을 공단과 강사 5:5 배분 − 올림픽은 일부종목의 강습수요가 많지 않아 비인기 종목의 　경우 인원모집이 저조하여 월 급여가 30천원인 경우도 있음 　※ 실버댄스강사 20.1월 급여: 30천원−월급여가 소액으로 　　강사모집 어려움
	부서의견	− 기본 시급을 지급하고 강습인원에 따라 추가급여 지급 − 강습료 5:5 배분 − 시급 + 실적금 　※ ex) 시급(35,000원)+실적금, 실적금 : 강습인원에 따라 　　추가 지급
자체강사	문제점	(고객평가) − 특정 강습반에 따라 고객평가의 편차가 있으며 − 일부 회원의 경우 강습내용에 대한 평가 보다는 친소관계에 　의해 평가하는 경우가 있음 (다면평가) 수기평가 시 익명성 보장이 결여
	부서의견	고객평가 − 고객평가 실시 − 고객평가 제외 다면평가 − 수기평가 − 익명성이 보장되는 MIS로 평가

□ 대덕승마장 & 승마힐링센터 내부의견

구분	내용
문제점	− 승마, 재활승마의 경우 현재 강습 운영 시스템으로는 실적 계측이 어려움 − 강습 시간이 비슷하게 편성되어 있고 난이도 또한 비슷하게 편성되어 있음 − 고객평가에 의한 평가를 할 수 있지만 기준이 없음, 재활승마의 경우 학부모 의존도 높음 − 수업의 질적 개선 없이 부탁에 의해 교관의 평가가 이루어짐 − 승마와 재활승마의 각자의 평가기준 체계가 미흡함 − 승마의 경우 레슨회원이 대상이며, 재활은 학부모의 평가가 중요함 − 현재는 승마와 재활의 결과가 같이 반영됨. 재활 123, 승마 456 이렇게 반영 − 내부 평가 또한 평가기준 및 그 장치가 미비한 상태여서 열심히 하고 잘해서 좋은 평가를 받자 − 제대로 된 평가와 기준이 마련되어야 함
의견	− 승마 및 재활 승마에서 기승능력은 교관 평가에 절대적으로 중요한 요소 중 하나임 − 현재 국가자격 시험도 필기시험 후, 기승평가 및 시연 등으로 이루어짐 − 현재 대덕승마장의 마필은 37두이며, 말 관리를 위해 교관들의 적극적인 태도 필요 − 현재 승마와 재활에 쓰이는 마필의 관리(소리, 움직임, 초보자 등에 의한 스트레스) 소홀 − 교관의 마필 기승능력은 절대적인 요소이고 안전으로 직결되며, 교관에 따라 편차가 큼 − 정기적으로 말에 오르고 그것을 순치하는 기여도에 따라 평가하는 것이 중요 − 사양관리 및 운동의 조절을 할 수 있는 능력, 말과 사람에게 직접적인 안전으로 연결되는 장비의 운용 능력 및 관리 실태 정도가 두 번째 평가로 이루어져야 함 − 기타로 각 분장된 일(평탄관리, 구충관리, 편자관리, 재고관리, 일지관리 등)의 처리 능력 및 성실도 등에 대한 평가가 필요 − 그 외에 본사에서 하는 봉사 및 교육 등, 대인관계 등이 평가에 반영되어야 함

□ 대구실내빙상장 내부의견

구분		내용
위수탁 강사	문제점	− 위수탁 강사들에 대한 통제 및 관리가 전혀 안 됨 − 대구빙상연맹 등의 이권 다툼과 학부모들의 민원 제기로 인해 개인레슨과 대관을 허용
	부서의견	− 공무직 강사로 채용되는 것이 바람직 − 공무직 강사에 대한 보편타당하고 합리적인 접점을 찾기 어려움
자체강사	문제점	− 특정 강습반에 따라 고객평가의 편차와 강습에 대한 평가가 이루어지지 않음 − 자체강사에 대한 경기연맹과의 마찰 등이 발생
	부서의견	− 공무직 강사로 고용을 통한 안정적인 운영 기반을 확보 − 협소한 빙상장의 효율성을 극대화하기 위한 시간 배분 등의 조정이 필요

4-2-3 내부진단 종합 결과

□ **위수탁 강습 현황**

▸ 강사료 지급기준이 **사업소별·종목별 편차가** 심함

▸ 위수탁 강사의 평가(두류)는 강사별 편향되어 **자체평가 기준 부재** 중 무기한 재계약, 빙상장의 경우 시급제 적용

▸ **배분제(5:5, 6:4) 등의 강사료 지급기준이 부재**하고, 프로그램별 편차가 있어 고용의 불안정 및 불만이 제기되고 있음

▸ **수익대비 정원 미달 시 폐강의 위험**이 있고, 재계약 기준에 반영이 필요

▸ 공무직 강사 평가기준 준용하여 위수탁 강사 평가 시행하고 있음(**임의적 기준과 고무적 재계약 시행**)

□ **강습 운영 개선**

▸ **사업소 및 종목별 특성에 상관없이 배분제**를 시행하고 사회적 형평성이 맞지 않음

▸ 개인레슨을 허용하고 있지 않으며, **상담치료의 경우 기준이 상이한 배분제(1:9)와 빙상장은 시급제를 적용**하고 있음

▸ 사업소별 강습 운영이 상이(**빙상장: 개인레슨 허용, 승마장: 개인레슨 불허**) 하고, 다양한 강습 프로그램의 확대가 필요

▸ 공무직 강사(승마장)의 시설관리 및 마필관리 등이 필요

▸ 빙상장(쇼트, 피겨)의 경우 시간제 및 배분제를 시행하고 개인레슨을 허용

□ 공무직 강사 평가

- ▸ 관리자 평가, 고객평가, 동료평가, 실적평가로 4개의 부분에 대해서 평가 시행.

- ▸ 공무직 강사의 사업소별, 강습별, 시간대별 평가의 왜곡이 존재.

- ▸ 고객평가에 의존성이 높아, 강사와 고객의 개인적 친분 또는 청탁의 문제 발생.

- ▸ 강사평가제도가 상대평가로 시행되고 있어 강사별 차등 적용.

- ▸ 강사들이 시간외수당에 의존, 일반적 임금 테이블과 같은 수준.

□ 종합 의견

┌─ **1. 위수탁 강습 시간급제 + 성과급제** ─────────────────┐

위수탁 강사의 능력에 따라 프로그램별 **시간급제 + 성과급제**를 시행하여 정액
제로 강사료를 지급하되 최소 기준의 재계약 기준을 마련하여야 함

└──┘

┌─ **2. 위수탁 강습 평가제도 도입** ─────────────────────┐

위수탁 강사의 평가제 시행 시 자체평가의 기준을 마련, **외부위원 평가**를 통해
공정성과 객관성을 보장할 필요가 있음

└──┘

┌─ **3. 위수탁 강습 평가제도 도입** ─────────────────────┐

공무직 강사의 평가체계를 **정량평가(절대평가)**와 **정성평가(상대평가)**를 함께 반
영하여 시행, **공무직 강사의 특성 반영한 급여체계 적용**(시설이용요금 증가)

└──┘

□ 대구시설공단 현황 분석 및 시사점

위상

• 대구시 시민들을 위한 다양한 노력을 하고 있으나 **사업소별 편차**가 일부 사업에서 경영 효율성이 미흡함

• 생활·전문체육, 복지, 시설 등 환경은 잘 마련된 반면, **예산의 규모나 배분에 있어서 재정비**가 필요함

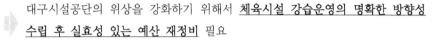 대구시설공단의 위상을 강화하기 위해서 **체육시설 강습운영의 명확한 방향성 수립 후 실효성 있는 예산 재정비** 필요

체계

• 지역 단위 중심의 체육시설 운영 기관으로 안정적 시스템을 구축했으나, **지도자의 인사규정과 업무 분장에서 명확한 R&R 부재**로 업무 효율성이 떨어짐

• 인사규정과 성과평가에 의한 혁신적인 조직구조 마련 필요

사업소별, 종목별 구체적인 인사규정과 업무별 R&R을 명확하게 수립하고 **위수탁 강사 채용 및 재계약에 대한 기준을 명문화**시키고 고용의 불안정한 구조를 해결

인프라

• 대구시 공공체육시설에 대한 종합적인 계획과 경영 효율화를 위한 많은 노력, 시설 운영·관리 역량 보유

• 경영수지를 높이기 어려운 일부 체육시설 종목들을 관리하고 있어 대구시설공단 전반적 수지개선에 어려움이 있음

> 대구시민과 함께하는 체육시설과 대구시설공단의 역량을 더욱 높이고, **체육시설을 활용한 다양한 프로그램의 적극적인 도입**을 통한 시민복지 기여

사업

• 체육시설의 관리에는 뛰어난 역량을 보유하고 있으나 운영의 역량을 더욱 높일 필요가 있음

• 동호인, 시민 대상 사업과 생애주기별 사업 추진과 관련해 지속 사업, 신규 사업에 대한 욕구도 부족함

> **위수탁 강습 추진 기준과 원칙을 설정**하고 이에 따라 **트렌드를 반영한 프로그램의 다양성과 신규 사업 추진 필요**

Chapter 5
체육시설 위수탁
강습운영모델 설계

5-1 위수탁 강사료 지급기준 설정

5-2 위수탁 강사평가제 모델 설계

5-3 위수탁 강사 재계약 기준 마련

5-1 위수탁 강사료 지급기준 설정

5-1-2 현황 파악 및 분석

□ 주요 도시 체육시설 강사 채용 및 강사료 지급

타 시도 위수탁 강사의 채용 행태 및 강사료 지급 방법(광역단체 기준)					
구분	위수탁 시설	채용 방식	계약방법	지급기준	강습료
서울특별시	서울시설공단	혼용	무기계약직	자체규정 강사료 지급	시간제, 배분제 X
	한국체육산업개발 (KSPO & CO)	정규직	무기계약직	자체규정 강사료 지급	시간제, 배분제 X
인천광역시	인천시설공단	혼용	계약직 (비율제, 단시간제)	자체규정 강사료 지급	50%, 18,000원
	인천환경공단	혼용	계약직 (비율제, 단시간제)	자체규정 강사료 지급	50%, 18,000원
	인천시체육회	혼용	계약직 (비율제, 단시간제)	자체규정 강사료 지급	50%, 18,000원
광주광역시	광주광역시체육회	혼용	계약직 (배분제)	강사료 지급 기준 없음	단체별 차등적용
대전광역시	대전시설공단	민간위탁	월급제, 계약직 (시간제, 배분제)	강사료 지급 기준 없음	미파악
울산광역시	울산시설공단	혼용	계약직 (비율제)	자체규정 강사료 지급	강습별 차등적용
전라북도	전북스포츠클럽	혼용	계약직, 시간제	스포츠클럽 강사료 준용	35,000원
경남 창원시	창원시설공단	혼용	계약직, 도급강사 (배분제)	자체규정 강사료 지급	강습별 차등적용

□ 인천광역시 체육강사 채용 기준

• 인천시설공단(예시: 줌바댄스)

채용단위	계약기간	강습일시	주 근무시간	계약방법	강습료 비율	비고
위탁강사	1년 단위	월수금 1회 화 목 3회	주 11시간	비율제	50%	4대보험 적용 안함

• 인천광역시체육회(예시: 스쿼시)

채용단위	계약기간	강습일시	주 근무시간	계약방법	시급 기준	비고
단시간제	1년 단위	09시~12시	주 5일 근무	시급제	금18,000원	고용보험, 산재보험 국민연금X, 건강보험X

공통사항

두 시설 모두 **비율제** 또는 **단시간제 강사를 채용**하고 있으며, 주당 근무시간을 <u>15시간을 초과하지 않음</u>

□ **울산광역시 체육강사 채용기준**

• 울산시설공단(예시: 문수체육시설)

과 목		1개 강습반당 지급기준			비 고
		반별 정원	수강료(원)	강사료 비율	
수 영	주 5일(기본)	36	65,000	30%	비수시간: 35%
	주5일 (특수반)	36	65,000	35%	시니어, 가족수영 등
	토요 어린이수영	30	25,000	48%	
	토요수영 특강(성인)	36	40,000	30%	
아쿠아 로빅	주 3일	55	50,000	25%	
	주 2일	55	40,000	25%	
생활체조 (기존)	주 3일	40	25,000	60%	요가, 에어로빅 등
	주 2일	40	20,000	50%	
신규강좌 (1)	주 3일	27	57,000	45%	점핑피트니스, 발레핏, CDC밸런스핏
	주 2일	27	43,000/45,000	40%	
신규강좌 (2)	주 3일	40	40,000	40%	유잼피트니스 (다이어트 댄스), 방송댄스
	주 2일	40	32,000	35%	
헬스장		250	55,000	34.5%	문수운영팀
테니스(단체)		10	110,000	70%	
스쿼시	주 3일	10	50,000	55%	비수시간: 60%
	주 2일	10	40,000	60%	

공통사항

모든 강사 배분제 시행, 계약기간 6개월, 4대보험 미적용, 제세금 징수(소득세, 주민세)

□ 창원시 체육강사 채용기준

- 창원시설공단(예시: 시민생활체육관, 창원실내수영장, 시립테니스장)

과 목		1개 강습반당 지급기준	
		강습반	강사료비율
시민생활 체육관	에어로빅	오전, 저녁	50%
	요가	일반	50%
	필라테스(짐볼, 도구 등)	일반	50%
	방송댄스, 줌바	일반	50%
	댄스스포츠, 라인, 벨리댄스, 신개념 30분 최신유행댄스 등	일반	60%
	히트근력, 타바타, 다이어트 서킷, 펌핑바디, GX운동 등	일반	55%
	헬스+GX	일반	40%
	성인발레	일반	50%
	필록싱	일반	50%
	탁 구	일반	70%
	아쿠아로빅	월, 수, 금	30%
		월, 수, 금/화목	40%
	수영	주말, 소그룹	45%
	핀수영	일반	40%
	소그룹 생활체육 등	일반	50%
	문화 · 교육예체능교실	일반	60%

과 목		1개 강습반당 지급기준	
		강습반	강사료비율
창원실내 수영장	요가(생활체육)		55%
	필라테스(짐볼, 도구등)		55%
	방송댄스, 줌바		55%
	댄스스포츠, 라인, 벨리댄스, 신개념 30분 최신유행댄스 등		60%
	히트근력, 타바타, 다이어트 서킷, 펌핑바디, GX운동 등		60%
	유아발레		60%
	필록싱		60%
	아쿠아로빅		35%
	수영	주말, 소그룹	45%
	핀수영		40%
	문화·교육예체능교실		60%
시립 테니스장	창 원		60%
	덕 동		70%

공통사항

▶ 창원실내수영장, 시민생활체육관 : 생활체육 강사 배분율이 50~55% 프로그램 중 새벽, 오후시간대 강습
⇒ 전 시설에 강사 60% 적용

▶ 문화·교육 예체능교실: 교구강사수급 30:35~70:65 / 1인 강사 강습반 1개 반인 경우 7인 이하 70%

□ **전라북도 체육강사 채용 기준**

• 전북스포츠클럽

  – 대한체육회 학교체육부 '신나는 주말체육학교' 사업 시간제 강습료
    기준 채택

• 공공·민간체육시설 및 공공스포츠클럽 보조금 산출내역

항 목	금액(원)
■ 강사수당 <u>35,000원</u> × 2시간 × 30주	2,100,000
■ 시설사용료, 구급키트 등	4,954,000
■ 보험료(학생, 지도자)	336,000
■ 홍보비(현수막, 배너 등)	110,000
■ 지도자배상책임공제13,000원×4개월×2회	104,000
합 계	7,604,000

– 회차별/월별 등 시·군·구체육회에서 기간별로 카드결재(계좌이체) 진행
– 참가자 보험가입, 프로그램 홍보 현수막 제작 의무 이행
– 증빙자료(보험가입 영수증, 현수막 사진 등) 시·군·구체육회로 제출
– 시설 이용료(임차료/ 지도자 수당) 해당 시설의 운영규정에 의거하여 사전 계약체결하고
  회차에 맞게 지급하고 결재시에는 세부내역을 증빙자료로 첨부
* 정산시 (시도)시군구체육회는 공공민간체육시설(공공스포츠클럽)에서 제출한 증빙자료
  확인

5-1-3 대구시설공단 위수탁 강습료 현황 파악 및 분석

□ 두류수영장(요가, 에어로빅, 줌바) 강습료 지급 기준(6:4 배분제)

- 위수탁 강사 계약 기준

> 제5조(강습수당) ① 공단은 강사에게 강습과 관련한 활동에 대하여 <u>매월</u> <u>발생한 해당 강습 수입의 40%를 강습수당으로 지급</u>한다.

요약

▷ 위수탁 강좌 월평균 수입: 17,524,500원
  월평균 강습료 지출: 7,009,800원 → 40.0%

▷ 에어로빅/줌바 월평균 수입: 2,690,000원
  월평균 강습료 지출: 1,076,000원 → 40.0%

▷ 요가(3명) 월평균 수입: 15,356,500원
  월평균 강습료 지출: 6,142,600원 → 40.0%

• 두류수영장 위수탁강사 경영 실적

연번	강좌명	성명	세부강좌별 단가	총등록인원	월평균인원	총수입	총지출강습료	월평균수입	월평균지출강습료	배분비율
계				5,458	468	210,294,000	84,117,600	17,524,500	7,009,800	40%
1	요가A	이OO	주3회: 일반 48,000원	342	29	16,416,000	28,408,800	1,368,000	2,367,400	40%
			할인 24,000원	188	16	4,512,000		376,000		
			주2회 일반 36,000원	1,249	104	44,964,000		3,747,000		
			할인 18,000원	285	24	5,130,000		427,500		
계					172	71,022,000		5,918,500		
2	요가B	지OO	주3회 일반 48,000원	840	70	40,320,000	17,395,200	3,360,000	1,449,600	40%
			할인 24,000원	132	11	3,168,000		264,000		
계					81	43,488,000		3,624,000		
3	요가C	조OO	주3회 일반 48,000원	984	82	47,232,000	27,907,200	3,936,000	2,325,600	40%
			할인 24,000원	321	27	7,704,000		642,000		
			주2회 일반 36,000원	334	28	12,024,000		1,002,000		
			할인 18,000원	156	13	2,808,000		234,000		
계					150	69,768,000		5,814,000		
4	에어로빅	김OO	주3회 일반 48,000원	352	29	16,896,000	10,406,400	1,408,000	1,076,000 에어로빅 (658,400) 줌바 (417,600)	40%
			할인 24,000원	119	10	2,856,000		238,000		
5	줌바		주3회 일반 48,000원	105	18	5,040,000		840,000		
			할인 24,000원	51	9	1,224,000		204,000		
계					65	26,016,000		2,690,000		

□ 올림픽기념국민생활관 위수탁 강습료 지급 기준(5:5 배분제)

• 올림픽기념국민생활관 위수탁강사 경영수입 실적(2019년 기준)

요약

⇨ 위수탁 강좌 전체 월평균 수입: 6,890,488원
    월평균 강습료 지출: 3,457,558원 → 50.2%

⇨ 힐링몸짱교실   월평균 수입: 1,260,000원
    월평균 강습료 지출: 631,575원 → 50.3%

⇨ 바디웨이트   월평균 수입: 1,120,417원
    월평균 강습료 지출: 520,650원 → 44.6%
    (※강좌 폐강 및 신설에 따라 5.4% 차이)

⇨ 댄스스포츠1   월평균 수입: 853,500원
    월평균 강습료 지출: 428,250원 → 50.6%

⇨ 댄스스포츠 줌바   월평균 수입: 964,350원
    월평균 강습료 지출: 476,700원 → 48.1%

⇨ 요가   월평균 수입: 11,033,333원
    월평균 강습료 지출: 518,647원 → 50.6%

⇨ 실버댄스   월평균 수입: 143,333원
    월평균 강습료 지출:71,667원 → 50.0%

⇨ 줌바댄스 에어로빅   월평균 수입: 2,139,700원
    월평균 강습료 지출: 1,071,196원 → 50.0%

• 위수탁 강습 프로그램 경영실적

연번	강좌명	성명		강좌 단가	총등록 인원	월평균 인원	총수입	총지출 강습료	월평균 수입	월평균 지출 강습료	배분 비율
		계			2609		82,685,850	41,490,700	6,890,488	3,457,558	50.2
1	힐링 몸짱 교실	정OO	주3회	42,000	299	25	12,558,000	6,279,000	1,046,500	523,250	50
				21,000	122	10	2,562,000	1,299,900	213,500	108,325	50.7
		계			421	35	15,120,000	7,578,900	1,260,000	631,575	50.3
2	바디 웨이트	정OO	주3회	42,000	241	20	10,122,000	5,061,000	843,500	421,750	50
				31,500	3	3	94,500	47,250	31,500	15,750	50
				31,000	95	8	2,945,000	997,500	245,417	83,125	33.9
		계			339	31	13,161,500	6,105,750	1,120,417	520,625	44.6
3	댄스 스포츠	박OO	주3회	36,000	214	18	7,704,000	3,852,000	642,000	321,000	50
				18,000	42	4	756,000	396,000	63,000	33,000	52.4
			주3회	36,000	27	3	972,000	486,000	121,500	60,750	50
				18,000	12	2	216,000	108,000	27,000	13,500	50
		계			295	26	9,648,000	4,842,000	853,500	428,250	50.6
4	댄스스 포츠	정OO	주3회	36,000	177	15	6,372,000	3,186,000	531,000	265,500	50
				18,000	44	4	792,000	414,000	66,000	34,500	52.3
5	줌바 댄스		주2회	31,000	48	10	1,488,000	744,000	297,600	148,800	50
				15,500	18	5	279,000	139,500	69,750	27,900	40

연번	강좌명	성명		강좌단가	총등록인원	월평균인원	총수입	총지출강습료	월평균수입	월평균지출강습료	배분비율
	계				287	33	8,931,000	4,483,500	964,350	476,700	48.1
6	요가	박ㄱO	주2회	31,000	125	10	3,875,000	1,937,500	322,917	161,458	50
				15,500	67	6	1,038,500	539,915	86,542	44,993	52
			주2회	31,000	218	18	6,758,000	3,379,000	563,167	281,583	50
				15,500	47	4	728,500	367,350	60,708	30,613	50.4
	계				457	38	12,400,000	6,223,765	1,033,333	518,647	50.6
7	실버댄스	남OO	주1회	10,000	129	11	1,290,000	645,000	107,500	53,750	50
				5,000	86	7	430,000	215,000	35,833	17,917	50
	계				215	18	1,720,000	860,000	143,333	71,667	50
8	줌바댄스	임OO	주2회	31,000	70	14	2,170,000	1,085,000	434,000	217,000	50
				15,500	27	5	418,500	214,415	83,700	42,883	51.2
	에어로빅		주5회	60,000	174	15	10,440,000	5,220,000	870,000	435,000	50
				30,000	33	3	990,000	498,750	82,500	41,563	50.4
			주3회	36,000	138	12	4,968,000	2,484,000	414,000	207,000	50
				18,000	45	4	810,000	405,000	67,500	33,750	50
			주2회	24,000	80	7	1,920,000	960,000	160,000	80,000	50
				12,000	28	2	336,000	168,000	28,000	14,000	50
	계				595	61	22,052,500	11,035,165	2,139,700	1,071,196	50

• 올림픽기념국민생활관 위수탁강사 2019년 경영실적(요약)

강좌명	총등록 인원	월평균 인원	총수입	총지출 강습료	월평균 수입	월평균 지출 강습료	배분 비율
계	2609	242	82,685,850	41,490,700	6,890,488	3,457,558	50.2
힐링몸짱교실	421	35	15,120,000	7,578,900	1,260,000	631,575	50.3
바디웨이트	339	31	13,161,500	6,105,750	1,120,417	520,625	44.6
댄스스포츠	295	26	9,648,000	4,842,000	853,500	428,250	50.6
댄스스포츠/ 줌바	287	33	8,931,000	4,483,500	964,350	476,700	48.1
요가	457	38	12,400,000	6,223,765	1,033,333	518,647	50.6
실버댄스	215	18	1,720,000	860,000	143,333	71,667	50.0
줌바댄스/ 에어로빅	595	61	22,052,500	11,035,165	2,139,700	1,071,196	50.0

□ 서재문화체육센터 위수탁 강습료 지급 기준(5:5 배분제)

요약

> 위수탁 강좌 전체 월평균 수입: 19,487,225원
>   월평균 강습료 지출: 9,743,613원 → 50.0%

> 힐링요가 &
> 파워요가
> 월평균 수입: 2,066,167원
> 월평균 강습료 지출: 1,033,083원 → 50.0%

> 다이어트요가 &
> 웰빙 요가
> 월평균 수입: 2,136,167원
> 월평균 강습료 지출: 1,068,083원 → 50.0%

> 다디어트댄스1, 2
> 월평균 수입: 1,911,000원
> 월평균 강습료 지출: 955,500원 → 50.0%

> 어린이K-pop &
> 줌바1, 2
> 월평균 수입: 2,626,417원
> 월평균 강습료 지출: 1,313,208원 → 50.0%

> 야간 배드민턴
> 월평균 수입: 4,929,750원
> 월평균 강습료 지출: 2,464,875원 → 50.0%

> 오전오후 배드민턴
> 월평균 수입: 3,322,225원
> 월평균 강습료 지출: 1,661,113원 → 50.0%

> 파워다이어트 &
> 코어다이어트
> 월평균 수입: 2,495,500원
> 월평균 강습료 지출: 1,247,750원 → 50.0%

• 서재문화체육센터 위수탁강사 경영수입 실적(2019년 기준)

구분	강좌명	성명	강습단가	총등록인원	월평균인원	총수입	총지출강습료	월평균수입	월평균지출강습료	배분비율
계				11,386	949	233,846,700	116,923,350	19,487,225	9,743,613	50.0
1	힐링요가	박○○	42,000	337	28	14,154,000	7,077,000	1,179,500	589,750	50.0
2	파워요가		28,000	380	32	10,640,000	5,320,000	886,667	443,333	50.0
3	다이어트요가	허○○	28,000	383	32	10,724,000	5,362,000	893,667	446,833	50.0
4	웰빙요가		42,000	355	30	14,910,000	7,455,000	1,242,500	621,250	50.0
5	다이어트댄스1	이○○	42,000	362	30	15,204,000	7,602,000	1,267,000	633,500	50.0
6	다이어트댄스2		28,000	276	23	7,728,000	3,864,000	644,000	322,000	50.0
7	어린이 K-POP	석○○	25,000	0	0	0	0	0	0	
8	어린이 K-POP2		25,000	209	17	5,225,000	2,612,500	435,417	217,708	50.0
9	줌바2		28,000	360	30	10,080,000	5,040,000	840,000	420,000	50.0
10	줌바1		42,000	386	32	16,212,000	8,106,000	1,351,000	675,500	50.0

구분	강좌명	성명	강습 단가	총등록 인원	월평균 인원	총수입	총지출 강습료	월평균 수입	월평균 지출 강습료	배분 비율
11	야간 배드민턴	이ㅂ〇	24,000	892	74	21,408,000	10,704,000	1,784,000	892,000	50.0
			60,000	381	32	22,860,000	11,430,000	1,905,000	952,500	50.0
			90,000	126	11	11,340,000	5,670,000	945,000	472,500	50.0
			2,100	1,690	141	3,549,000	1,774,500	295,750	147,875	50.0
12	오전오후 배드민턴	이ㄱ〇	24,000	424	35	10,176,000	5,088,000	848,000	424,000	50.0
			60,000	113	9	6,780,000	3,390,000	565,000	282,500	50.0
			90,000	76	6	6,840,000	3,420,000	570,000	285,000	50.0
			24,000	210	18	5,040,000	2,520,000	420,000	210,000	50.0
			60,000	27	2	1,620,000	810,000	135,000	67,500	50.0
			90,000	19	2	1,710,000	855,000	142,500	71,250	50.0
			2,100	3,667	306	7,700,700	3,850,350	641,725	320,863	50.0
13	파워 다이어트	김〇〇	42,000	337	28	14,154,000	7,077,000	1,179,500	589,750	50.0
14	코어 다이어트	박ㄷ〇	42,000	376	31	15,792,000	7,896,000	1,316,000	658,000	50.0

• 서재문화체육센터 위수탁강사 2019년 경영수입 실적(요약)

강좌명	총등록 인원	월평균 인원	총수입	총지출 강습료	월평균 수입	월평균 지출강습료	배분 비율
계	11,386	949	233,846,700	116,923,350	19,487,225	9,743,613	50.0
힐링&파워 요가	717	60	24,794,000	12,397,000	2,066,167	1,033,083	50.0
다이어트& 웰빙 요가	738	62	25,634,000	12,817,000	2,136,167	1,068,083	50.0
다이어트 댄스1, 2	638	53	22,932,000	11,466,000	1,911,000	955,500	50.0
어린이 K-pop& 줌바1,2	955	80	31,517,000	15,758,500	2,626,417	1,313,208	50.0
야간 배드민턴	3,089	257	59,157,000	29,578,500	4,929,750	2,464,875	50.0
오전오후 배드민턴	4,536	378	39,866,700	19,933,350	3,322,225	1,661,113	50.0
파워 다이어트	337	28	14,154,000	7,077,000	1,179,500	589,750	50.0
코어 다이어트	376	31	15,792,000	7,896,000	1,316,000	658,000	50.0

□ 대구실내빙상장 위수탁 강습료 지급 기준(시급제: 시급기준 20,000원)
  ※ 현재: 30,000원

요약

▶   방학특강 및 단체강습 월평균 수입: 8,873,777원

▶   쇼트(8명)   월평균 강습료 지출: 5,577,800원
                  → 월평균 수입의 22.7%

▶   피겨(2명)   월평균 강습료 지출: 1,415,340원
                  → 월평균 수입의 5.8%

▶   단체입장수입, 방학특강, 단체강습 등에서 위수탁 강사의
      강습 비중이 높게 이루어지고 있음

• 대구실내빙상장 경영수입 실적(대관, 대화료, 기타수입 제외)

구분		계	1월	2월	3월	4월	5월	6월	7월	8월	9월	10월	11월	12월	월평균수입
영업입장	인원	26,035	5,169	3,549	1,192	699	1,122	1,446	2,340	4,106	1,083	858	1,352	3,119	24,548,577
	금액	102,343,100	27,718,900	17,844,000	5,301,300	2,782,200	5,088,900	6,632,400	6,759,700	11,644,900	3,064,800	2,405,800	4,115,500	9,004,700	8,528,592
단체입장	인원	6,134	898	879	140	112	299	280	762	1,190	422	326	194	632	
	금액	11,847,000	1,743,200	1,629,100	268,100	229,100	633,900	805,900	1,412,200	2,179,200	831,800	644,900	346,000	1,123,600	987,250
월상기권	인원	21,454	2,436	1,740	2,852	1,896	1,996	2,128	1,912	1,498	1,471	1,184	981	1,360	
	금액	46,045,000	5,125,000	3,482,500	5,567,500	3,562,500	3,500,000	4,105,000	3,680,000	4,137,500	3,647,500	3,050,000	2,880,000	3,347,500	3,887,083
강습 방학특강	인원	7,430	2,470	20					3,150	160				1,630	
	금액	42,615,300	14,832,500	-1,783,500					19,911,660	86,660				9,567,980	8,523,000
단체강습	인원	7,502	40	162	43	353	678	963	1,205	167	418	642	928	1,903	
	금액	4,208,600	120,000	487,600	150,500	176,500	339,000	248,900	603,700	83,500	213,900	328,000	505,500	951,500	350,717
정규강습	인원	1,550					96	112	104	216	384	136	146	356	
	금액	18,575,000					975,000	1,800,000	1,600,000	3,750,000	2,175,000	2,400,000	2,250,000	3,625,000	2,321,875

□ 대구실내빙상장 위수탁 강습 현황

요약

▶ 위수탁 강사 총 24명 중 3명을 제외한 21명 참여

▶ 위수탁 강사 연간 강습료 지출: 17,840,000원
   → 월평균 지출 강습료: 1,486,667원(2019년 시급: 20,000원 기준)

▶ 2020년 시급기준 30,000원으로 상향, 위수탁 강사 인원 32명으로 증가

• 대구실내빙상장 위수탁 강사별 강습료 지급 현황(2019)

연번	이름	방학특강(시간)	단체강습(시간)	정규반 (시간)	수당(원)
	계	500	392	-	17,840,000
1	가		3	-	60,000
2	나	50	34	-	1,680,000
3	다	65	41	-	2,120,000
4	라		8	-	160,000
5	마	50	51	-	2,020,000
6	바	35	17	-	1,040,000
7	사		-	-	-
8	아		23	-	460,000
9	자	60	14	-	1,480,000
10	차		7	-	140,000
11	카		2	-	40,000
12	타		9	-	180,000
13	파	2	12	-	640,000
14	하		-	-	-
15	A		8	-	160,000
16	B		5	-	100,000
17	C	15	7	-	440,000
18	D		-	-	-
19	E	95	68	-	3,260,000
20	F		20	-	400,000
21	G	55	23	-	1,560,000
22	H	40	40	-	1,600,000
23	I	10	-	-	200,000
24	J	5	-	-	100,000

□ 대덕승마장 & 승마힐링센터 경영수입 실적

요약

▶ 체험승마 월평균 수입: 801,250원 /
   공무직 강사 ← 체험승마 수익 저조, 프로그램 활성화 필요

▶ 재활승마 월평균 수입: 13,700,666원 / 공무직 강사

▶ 상담치료 월평균 수입: 5,529,900원 / 위수탁 강사에 의존

• 대덕승마장 & 승마힐링센터 경영수입 실적(2019년 기준)

구분		계	1월	2월	3월	4월	5월	6월	7월	8월	9월	10월	11월	12월	월평균
재활승마	인원	5,993	536	466	539	504	512	544	475	473	420	546	475	503	499
	금액	164,408,000	12,963,000	17,506,000	12,260,000	10,394,000	10,014,000	16,119,000	10,704,000	9,981,000	19,731,000	11,691,000	11,855,000	21,190,000	13,700,666
체험승마	인원	1,886	17	14	48	211	274	170	79	166	107	255	279	266	157
	금액	9,615,000	315,000	70,000	330,000	1,055,000	1,310,000	910,000	385,000	830,000	535,000	1,275,000	1,335,000	1,265,000	801,250
상담치료	인원	4,084	277	299	339	325	399	404	394	426	299	327	328	267	340
	금액	66,348,000	3,900,000	6,670,000	4,178,000	2,920,000	6,840,000	6,620,000	6,470,000	6,210,000	7,530,000	4,170,000	4,150,000	6,690,000	5,529,000

□ 승마힐링센터 위수탁 강습료 지급 기준(배분제 9:1)

요약

    상담치료(5개 프로그램) 월평균 수입: 5,529,000
    월평균 강습료 지출: 4,857,035원 → 87.8%

    승마힐링센터의 상담치료 위수탁 강사의 경우 강사의 희소성으로
    9:1의 비율로 지급 → 1개 프로그램당 평균 989,524원

※ 상담치료 비용에 대한 수입과 지출의 차이는 2019년 당시 정OO강사의 강습인원과 청구금
   액의 차이가 있었음을 감안

• 승마힐링센터 상담치료 경영수입 실적

치료유형	구분	강습단가	성명	총강좌수	총지출강습료	월평균수입	월평균강습료	배분비율
				2,459	56,250,000		4,857,035	
놀이치료	개인	20,000	김ㄷO	551	11,020,000	11,020,000	918,333	
언어치료	개인	20,000	조OO	143	2,860,000	2,860,000	286,000	
미술치료	개인	20,000	김○O	291	5,820,000	5,820,000	485,000	
미술치료	개인	20,000	정OO	422	9,120,000	8,440,000	829,091	
	집단	50,000		38	1,900,000	1,900,000	211,111	87.80%
언어치료	개인	20,000	박OO	472	9,440,000	9,440,000	786,667	
	집단	50,000		50	2,500,000	2,500,000	208,333	
언어치료	개인	20,000	변OO	367	7,340,000	7,340,000	611,667	
	집단	50,000		125	6,250,000	6,250,000	520,833	

표 2019년 상담치료 수입 및 평균지출 강습료

구분	인원	수입	월평균강습료	평균인원
2019년	4,084	66,348,000	5,529,000	340

5-1-4 위수탁 강사료 지급기준 모델 설계 Ⅰ

대구시설공단 위수탁 체육시설 사업소별, 강습 종목별 강습료 지급 기준을 동일하게 적용하고, 강습시간 및 종목특성을 반영하여 강습료 지급기준을 명문화

시급제 + 성과급제

대구시설공단 전체 위수탁 강습의 경영수지 최적 시급 기준 적용	α

위수탁 강습료 기준(안)				
구분	강좌	시급	성과	성과급
두류수영장	요가, 에어로빅, 줌바댄스	3,0000원	실적평가 (강습인원)	+ α
대덕승마장	재활치료(놀이, 미술, 언어)	3,0000원	실적평가 (강습인원)	+ α
올림픽기념국민생활관	댄스스포츠, 바디웨이트, 요가, 실버댄스, 줌바, 에어로빅	3,0000원	실적평가 (강습인원)	+ α
서재문화센터	요가, 댄스, 배드민턴, 헬스	3,0000원	실적평가 (강습인원)	+ α
대구실내빙상장	쇼트, 피겨	3,0000원	실적평가 (강습인원)	+ α

위수탁 강습의 시급제 적용에 따른 메리트(자율성 및 시간 보장)를 명확하게 산정하고, 사업소별 시간대별 부족한 부분의 강습료를 성과급제를 통해서 충분한 보상을 시행

• 두류수영장 시간급제 적용 산출에 따른 프로그램별 인원(2019기준)

두류수영장 위탁강습현황 월 수 금 [수영, 아쿠아, 요가(월수금), 에어로빅(월수금토)]														
월	1월	2월	3월	4월	5월	6월	7월	8월	9월	10월	11월	12월	계	평균
시간	요가	요가	요가	요가	요가	요가	요가	요가	요가	요가	요가	요가		
6:30	조OO	조OO	조OO	조OO	조OO	조OO	조OO	조OO	조OO	조OO	조OO	조OO	549	45.8
	45	46	45	46	46	46	46	45	46	46	46	46		
7:30	지OO	지OO	지OO	지OO	지OO	지OO	지OO	지OO	지OO	지OO	지OO	지OO	177	14.8
	12	8	17	14	11	13	14	16	15	19	24	14		
9:00	조OO	조OO	조OO	조OO	조OO	조OO	조OO	조OO	조OO	조OO	조OO	조OO	491	40.9
	41	37	36	38	37	36	40	43	44	45	45	49		
10:00	에어로빅	에어로빅	에어로빅	에어로빅	에어로빅	에어로빅	에어로빅	에어로빅	에어로빅	에어로빅	에어로빅	에어로빅	481	40.1
	45	46	45	44	41	41	37	35	35	33	39	40		
11:00	이OO	이OO	이OO	이OO	이OO	이OO	이OO	이OO	이OO	이OO	이OO	이OO	542	45.2
	45	46	45	45	44	45	45	44	45	47	45	46		
15:00							줌바댄스	줌바댄스	줌바댄스	줌바댄스	줌바댄스	줌바댄스	157	26.2
							29	35	31	24	18	20		
18:30	지OO	지OO	지OO	지OO	지OO	지OO	지OO	지OO	지OO	지OO	지OO		275	22.9
	30	21	23	23	16	23	22	18	22	23	28	26		
19:30	지OO	지OO	지OO	지OO	지OO	지OO	지OO	지OO	지OO	지OO	지OO	지OO	256	21.3
	22	17	24	26	21	23	25	18	17	17	23	23		
계	240	221	235	236	216	227	258	254	255	254	268	264	2928	244

화 목 토 [요가]

	요가	요가	요가	요가	요가	요가	요가	요가	요가	요가	요가	요가		
6:30	지OO	지OO	지OO	지OO	지OO	지OO	지OO	지OO	지OO	지OO	지OO	지OO	281	23.4
	25	21	21	28	27	24	22	20	19	27	25	22		
9:00	조OO	조OO	조OO	조OO	조OO	조OO	조OO	조OO	조OO	조OO	조OO	조OO	286	23.8
	19	19	27	23	29	26	20	19	26	23	26	29		
계	44	40	48	51	56	50	42	39	45	50	51	51	567	47.3

화 목 [요가]

	요가	요가	요가	요가	요가	요가	요가	요가	요가	요가	요가	요가		
10:00	이OO	이OO	이OO	이OO	이OO	이OO	이OO	이OO	이OO	이OO	이OO	이OO	482	40.2
	45	33	34	41	42	37	41	35	40	45	45	44		
11:00	조OO	조OO	조OO	조OO	조OO	조OO	조OO	조OO	조OO	조OO	조OO	조OO	492	41
	45	41	41	45	39	41	44	34	35	38	45	44		
18:30	이OO	이OO	이OO	이OO	이OO	이OO	이OO	이OO	이OO	이OO	이OO	이OO	540	45
	45	46	45	45	45	43	45	45	46	47	43	45		
19:30	이OO	이OO	이OO	이OO	이OO	이OO	이OO	이OO	이OO	이OO	이OO	이OO	537	44.8
	45	45	46	44	46	45	44	46	44	42	44	46		
계	180	165	166	175	172	166	174	160	165	172	177	179	2051	170.9
누계	464	426	449	462	444	443	474	453	465	476	496	494	5546	462.2

□ 성과급 지급기준: 7000원/인당

종목별 시간별 적정 강습인원			
구분	월수금	목표	성과급(평균)
06:30	요가	45	322,000
7:30	요가	45	105,000
9:00	요가	45	287,000
10:00	에어로빅	45	280,000
11:00	요가	45	315,000
15:00	줌바댄스	35	182,000
18:30	요가	45	161,000
19:30	요가	45	147,000
화목토 요가			
6:30	요가	45	161,000
9:00	요가	45	168,000
화목 요가			
10:00	요가	45	280,000
11:00	요가	45	287,000
18:30	요가	45	315,000
19:30	요가	45	315,000

□ 두류수영장 시급제에 따른 강습비용 지출 산출

시급제 + 성과급제 변경 시 월강습 지급비용 산출 시뮬레이션

사업장명	성명	종목	월 평균 임금(2019년 기준 임금)
총계			7,065,490
두류	A	요가	2,368,990
	B	요가	2,290,710
	C	요가	1,538,340
	D	에어로빅 줌바	867,450

• 성과급 α 기준 5,000원/인당 적용시

시간	월 고정 시급	성과급 α (2019년 기준)	예상 월 평균 임금
계			7,020,000
주12회	1,440,000	860,000	2,300,000
주11회	1,320,000	750,000	2,070,000
주9회	1,080,000	405,000	1,485,000
주7회	840,000	325,000	1,165,000

• 성과급 α 기준 7,000원/인당 적용시

시간	기준 인원 (2019년)	월 고정 시급	성과급 α	예상 월 평균 임금
계				7,956,000
주 12회	172	1,440,000	1,204,000	2,644,000
주 11회	150	1,320,000	1,050,000	2,370,000
주 19회	81	1,080,000	567,000	1,647,000
주 7회	65	840,000	455,000	1,295,000

• 성과급 α 기준 6,000원/인당 적용시

시간	월 고정 시급	성과급 α (2019년 기준)	예상 월 평균 임금 (2019년 기준)
계			7,488,000
주12회	1,440,000	1,032,000	2,472,000
주11회	1,320,000	900,000	2,220,000
주9회	1,080,000	486,000	1,566,000
주7회	840,000	390,000	1,230,000

□ 올림픽기념국민생활관 시급제에 따른 강습비용 지출 산출

시급제 + 성과급제 변경 시 월강습 지급비용 산출 시뮬레이션

• 올림픽기념국민생활관 월평균 인원, 수입, 강습료 지출 현황(2019년)

강좌명	성명	월평균 인원	월평균수입	월평균지출강습료
계			6,890,488	3,457,558
힐링몸짱교실	AAA	35	1,260,000	631,575
바디웨이트	BBB	31	1,120,417	520,625
댄스스포츠	CCC	26	853,500	428,250
댄스스포츠/ 줌바	DDD	33	964,350	476,700
요가	EEE	38	1,033,333	518,647
실버댄스	FFF	18	143,333	71,667
줌바댄스/에어로빅	GGG	61	2,139,700	1,071,196

• 성과급 α 기준 3,000원/인당 적용시

강좌명	강습시간	월 고정시급	성과급 α (2019년 기준)	예상월평균임금
계				3,576,000
힐링몸짱교실	주3시간	270,000	105,000	375,000
바디웨이트	주3시간	270,000	93,000	363,000
댄스스포츠	주3시간	270,000	78,000	348,000
댄스스포츠/ 줌바	주6시간	720,000	99,000	819,000
요가	주4시간	480,000	114,000	594,000
실버댄스	주1시간	120,000	54,000	174,000
줌바댄스/에어로빅	주6시간	720,000	183,000	903,000

• 성과급 α 기준 6,000원/인당 적용시

강좌명	강습시간	월 고정시급	성과급 α (2019년 기준)	예상월평균임금
계				4,302,000
힐링몸짱교실	주3시간	270,000	210,000	480,000
바디웨이트	주3시간	270,000	186,000	456,000
댄스스포츠	주3시간	270,000	156,000	426,000
댄스스포츠/줌바	주6시간	720,000	198,000	918,000
요가	주4시간	480,000	228,000	708,000
실버댄스	주1시간	120,000	108,000	228,000
줌바댄스/에어로빅	주6시간	720,000	366,000	1,086,000

• 성과급 α 기준 7,000원/인당 적용시

강좌명	강습시간	월 고정시급	성과급 α (2019년 기준)	예상월평균임금
계				4,544,000
힐링몸짱교실	주3시간	270,000	245000	515,000
바디웨이트	주3시간	270,000	217000	487,000
댄스스포츠	주3시간	270,000	182000	452,000
댄스스포츠/줌바	주6시간	720,000	231000	951,000
요가	주4시간	480,000	266000	746,000
실버댄스	주1시간	120,000	126000	246,000
줌바댄스/에어로빅	주6시간	720,000	427000	1,147,000

□ 서재문화체육센터 시급제에 따른 강습비용 지출 산출

시급제 + 성과급제 변경 시 월강습 지급비용 산출 시뮬레이션

- 서재문화체육센터 월평균 인원, 수입, 강습료 지출 현황(2019년)

강좌명	월평균인원	월평균수입	월평균지출강습료
계	949	19,487,225	9,743,613
힐링&파워 요가	60	2,066,167	1,033,083
다이어트&웰빙 요가	62	2,136,167	1,068,083
다이어트댄스1, 2	53	1,911,000	955,500
어린이K-pop & 줌바1,2	80	2,626,417	1,313,208
야간 배드민턴	257	4,929,750	2,464,875
오전오후 배드민턴	378	3,322,225	1,661,113
파워다이어트	28	1,179,500	589,750
코어다이어트	31	1,316,000	658,000

• 성과급 α 기준 2,000원/인당 적용시

강좌명	강습 시간	월고정시급	성과급 α (2019년 기준)	예상월평균임금
계		10,680,000	1,898,000	12,578,000
힐링&파워 요가	주6시간	720,000	120,000	840,000
다이어트&웰빙 요가	주5시간	600,000	124,000	724,000
다이어트댄스1, 2	주5시간	600,000	106,000	706,000
어린이K-pop&줌바1,2	주12시간	1,440,000	160,000	1,600,000
야간 배드민턴	주20시간	2,400,000	514,000	2,914,000
오전오후 배드민턴	주35시간	4,200,000	756,000	4,956,000
파워다이어트	주3시간	360,000	56,000	416,000
코어다이어트	주3시간	360,000	62,000	422,000

• 성과급 α 기준 5,000원/인당 적용시

강좌명	강습시간	월고정시급	성과급 α (2019년 기준)	예상월평균임금
계		10,680,000	4,745,000	15,425,000
힐링&파워 요가	주6시간	720,000	300,000	1,020,000
다이어트&웰빙 요가	주5시간	600,000	310,000	910,000
다이어트댄스1, 2	주5시간	600,000	265,000	865,000
어린이K-pop&줌바1,2	주12시간	1,440,000	400,000	1,840,000
야간 배드민턴	주20시간	2,400,000	1,285,000	3,685,000
오전오후 배드민턴	주35시간	4,200,000	1,890,000	6,090,000
파워다이어트	주3시간	360,000	140,000	500,000
코어다이어트	주3시간	360,000	155,000	515,000

• 성과급 α 기준 7,000원/인당 적용시

강좌명	강습 시간	월고정시급	성과급 α (2019년 기준)	예상월평균임금
계		10,680,000	6,643,000	17,323,000
힐링&파워 요가	주6시간	720,000	420,000	1,140,000
다이어트&웰빙 요가	주5시간	600,000	434,000	1,034,000
다이어트댄스1, 2	주5시간	600,000	371,000	971,000
어린이K–pop&줌바1,2	주12시간	1,440,000	560,000	2,000,000
야간 배드민턴	주20시간	2,400,000	1,799,000	4,199,000
오전오후 배드민턴	주35시간	4,200,000	2,646,000	6,846,000
파워다이어트	주3시간	360,000	196,000	556,000
코어다이어트	주3시간	360,000	217,000	577,000

시급제로 변경 시 배드민턴 강습시간을 줄여 시급제 적용에
맞게 변경이 필요함

□ 대구실내빙상장 시급제에 따른 강습비용 지출 산출

시급제 + 성과급제 변경 시 월강습 지급비용 산출 시뮬레이션

- 위수탁 강습으로 인한 수입 현황(2019년 기준)

구분			계	월평균수입
			46,823,900	8,873,777
강습	방학특강	인원	7,430	
		금액	42,615,300	8,523,060
	단체강습	인원	7,502	
		금액	4,208,600	350,717

- 위수탁 강사 월 평균 임금(2019년 기준)

사업장명	성명	종목	월평균임금
계			6,993,220
빙상장	X	쇼트	125,000
	Y	쇼트	97,150
	Z	쇼트	272,730
	가	쇼트	1,374,000
	나	쇼트	505,000
	다	쇼트	460,000
	라	쇼트	1,244,000
	마	쇼트	1,500,000
	바	피겨	53,340
	사	피겨	1,362,000

- 2021년 위수탁 강습으로 인한 수입

강좌명	강습시간	개월	강습시간	예상지출 강습료
방학특강	10시 - 12시	3(50일)	500	15,000,000
단체강습	오전	연중	392	11,760,000
	오후			
계				26,760,000

위수탁 강습에 의한 연간 총수입: 46,823,900

위수탁 강사의 연간 예상 총 지출 강습료: 26,760,000

□ 대덕승마장 시급제에 따른 강습비용 지출 산출

시급제 + 성과급제 변경 시 월강습 지급비용 산출 시뮬레이션

- 위수탁 강습으로 인한 강습료 지출 현황(2019년 기준)

사업장명	성명	종목	월평균임금
총계			4,947,620
승마장	E	놀이치료	1,491,540
	F	미술치료	493,850
	G	미술치료	980,840
	H	언어치료	1,063,850
	I	언어치료	917,540

- 위수탁 강습의 연간 총 강습료 수입 및 지출(2019년 기준)

구분	총강좌수	연간강습료	월평균강습료
수입	2,459	66,348,000	5,529,000
지출		56,250,000	4,857,035
인원	4,084		340

- 배분제(1:9)에서 **시간제(30,000원)로 변경**할 경우

- 시급제로 변경될 경우 연간 지출강습료 및 월평균 강습료(2019년 기준)

치료유형	구분	강습단가	성명	총강좌수	연간지출 강습료	월평균지출 강습료
계				2,459	73,770,000	6,147,500
놀이치료	개인	20,000	P	551	16,530,000	1,377,500
언어치료	개인	20,000	Q	143	4,290,000	357,500
미술치료	개인	20,000	R	291	8,730,000	727,500
미술치료	개인	20,000	S	422	12,660,000	1,055,000
	집단	50,000		38	1,140,000	95,000
언어치료	개인	20,000	T	472	14,160,000	1,180,000
	집단	50,000		50	1,500,000	125,000
언어치료	개인	20,000	U	367	11,010,000	917,500
	집단	50,000		125	3,750,000	312,500

시급제(30,000원)으로 전환할 경우 월평균 강습료 지출이

△1,290,465원으로 증가할 것으로 예상

5-1-5 위수탁 강사료 지급기준 모델 설계 II

대구시설공단 위수탁 체육시설 강사들의 경우 고용의 문제(울산, 창원, 인천, 대구) 등이 발생함에 따라 전 위수탁강습프로그램을 배분제로 설정하여 시간제에 따른 고용문제의 해소와 강사의 안정적인 급여를 고려

배분제 기준: 강사(50%) + 종목 특성에 따른 기준 명시(α)

• 위수탁 강습료 산출(안)

구분	강좌	배분 비율	월평균수입	변경 강사료 산정	기존 강사료 (월평균)	증감	기준
두류수영장	요가(3명)	5:5(변경)	15,356,500	7,824,775	6,198,040	△1,626,735 (26.2%)	$-\alpha$
	에어로빅+ 줌바댄스	5:5(변경)	2,690,000	2,798,584	1,271,564	△1,527,020 (120.1%)	$-\alpha$
올림픽기념 국민생활관	댄스스포츠, 바디웨이트, 요가, 실버댄스, 줌바, 에어로빅	5:5(기존)	6,890,488	3,454,040	3,454,040	변동없음	
서재 문화센터	요가, 댄스, 배드민턴, 헬스	5:5(기존)	19,487,225	10,701,110	10,701,110	변동없음	
승마힐링 센터	재활치료 (놀이, 미술, 언어)	5:5(변경)	5,529,000	4,976,100	4,947,620	변동없음	$+\alpha$
대구실내 빙상장	쇼트, 피겨	5:5(변경)	8,873,777	6,993,140	6,993,140	-	$+\alpha$
계				36,747,749	33,565,514	△3,182,235 (9.48%)	

대구실내빙상장을 제외하고 배분제 50%로 변경 시

전체적인 강사료의 **9.48%**가 증가

타시도를 비롯한 대부분의 체육시설에서

강사료의 배분제는 50% 수준을 준수

□ 가중치의 산출

• 대구시설공단 위탁 체육시설의 경우 종목의 특성과 시설의 인프라 조건 등이 상이함에 따라 배분제를 시행하더라도 가중치(α)를 두어 체육시설 경영의 안정적 운영에 반영하여야 함

구분	강좌	조건 내용	기준점수: 1.0
		체육시설 가중치 α 의 조건	
1	정원 수	시설별 정원이 상이함에 따라 강사의 수익 배분이 균등하게 이루어져야 함	정원수 多: 1.0 이상 정원수 少: 0.9 이하
2	총 이용률	사업소별 총이용률(전체회원수)이 경영실적에 크게 영향을 미침으로 경영수지 개선을 위함	이용률 多: 1.0 이상 이용률 少: 0.9 이하
3	강습료	조례상으로 정해진 강습료가 사업소별 차이가 있으므로 강습료에 수준에 따른 균형	강습료 多: 1.0 이상 강습료 少: 0.9 이하
4	감면금액	어린이, 노인, 단체, 지역주민 등에 따른 감면금액에 차이로 인해 경영수익을 개선	감면금액 多: 1.0 이상 감면금액 少: 0.9 이하
5	공간적 특수성	사업소별 인프라의 공간적 특성, 고객의 접근성, 시설의 매력도 등에 따라 가중치를 적용	특수성 좋음: 1.0 이상 특수성 나쁨: 0.9 이하

가중치는 사업소에 따라 기준을 정하고,

종목별 세부 가중치(α)를 적용하여 위수탁 강습에 적용

□ 사업소별 적정 가중치 α기준

본 용역에서는 가중치의 기준을 2019년도
경영실적자료를 근거로 현실성에 부합하는 가중값을 산출하였음

구분	강좌	배분율	기준 가중치 α	기준
두류수영장	요가 에어로빅 줌바댄스	5:5	0.8	조건 만족
대덕승마장	재활치료 (놀이, 미술, 언어)	5:5	2	조건 필요
올림픽기념국민생 활관	댄스스포츠 바디웨이트 요가 실버댄스 줌바 에어로빅	5:5	1	특정 종목 강습료 제외
서재문화센터	요가 댄스 배드민턴 헬스	5:5	1.2	특정 종목 강습료 제외
대구실내빙상장	쇼트 피겨	5:5	1.3	조건 필요

□ 두류수영장 배분제에 따른 강습비용 지출 산출

종목별 특성을 고려한 배분비율(50%) 산출 시뮬레이션

- 두류수영장 배분제(50%) 산출 시뮬레이션

사업장명	성명	종목	월평균 인원	단가	예상 월평균 수익	월평균 임금	배분비율	예상임금	검토
총계					20,748,000	7,065,490			
두류수영장	A	요가	월수금(11) 45	48,000	2,160,000	6,840,000	2,368,990	5:5	3,420,000	최대(한계)
			화목(10,18f,19f) 130	36,000	4,680,000					
	B	요가	월수금(6f, 9) 87	48,000	5,328,000	6,804,000	2,290,710	5:5	3,402,000	최대(한계)
			화목토(9) 24							
	C	요가	화목(11) 41	36,000	1,476,000	3,936,000	1,538,340	5:5	1,968,000	중간(노력)
			월수금 (7f, 18f, 19f) 59	48,000	2,832,000					
	D	에어로빅, 줌바	화목토(6f) 23	48,000	1,104,000	3,168,000	867,450	5:5	1,584,000	중간(노력)
			월수금토 (10, 15) 66	48,000	3,168,000					

두류수영장 위수탁 강습의 경우 요가 A, B는 수용 인원의 한계에 이르고,

요가 C와 에어로빅(줌바)이 저조한 형태(※강사교체도 고려)

위수탁강사의 배분비율을 50%로 상향 시

저조한 종목의 노력으로 더 많은 수익 창출을 기대할 수 있음

▨ 위수탁강습 프로그램 100% 달성 목표: 월 27,000,000원
  (현재: 17,000,000원 / 2019년 12월 기준)
▨ 위수탁 강사 월 지출 비용: 13,600,000원(현재: 7,065,490원 / 2019년 12월 기준)
▨ 예상 수익: 13,400,000원(현재: 9,934,510원 대비 3,465,490원) 34.9% 향상

○ 가중치(α)를 적용한 두류수영장 경영실적 시뮬레이션

연번	강좌명	성 명	세부강좌별 단가	등록 인원	월평균 인원	월평균 수입	월평균 지출강습료 (40%) 2019	예상 월평균지출 강습료(50%)	가중치 0.8
계				5,458	468	17,524,500	7,009,800	9,023,250	7,218,600
1	요가A	LLL	주3회 : 일반48,000원	342	29	1,368,000	547,200	684,000	547,200
			할인24,000원	188	16	376,000	150,400	188,000	150,400
			주2회 : 일반36,000원	1,249	104	3,747,000	1,498,800	1,873,500	1,498,800
			할인18,000원	285	24	427,500	171,000	213,750	171,000
계					172	5,918,500	2,367,400	2,959,250	2,367,400
2	요가B	PPP	주3회 : 일반48,000원	840	70	3,360,000	1,344,000	1,680,000	1,344,000
			할인24,000원	132	11	264,000	105,600	132,000	105,600
계					81	3,624,000	1,449,600	1,812,000	1,449,600
3	요가C	HHH	주3회 : 일반48,000원	984	82	3,936,000	1,574,400	1,968,000	1,574,400
			할인24,000원	321	27	642,000	256,800	321,000	256,800
			주2회 : 일반36,000원	334	28	1,002,000	400,800	501,000	400,800
			할인18,000원	156	13	234,000	93,600	117,000	93,600
계					150	5,814,000	2,325,600	2,907,000	2,325,600
4	에어 로빅	KKK	주3회 : 일반48,000원	352	29	1,408,000	563,200	704,000	563,200
			할인24,000원	119	10	238,000	95,200	119,000	95,200
5	줌바		주3회 : 일반48,000원	105	18	840,000	336,000	420,000	336,000
			할인24,000원	51	9	204,000	81,600	102,000	81,600
계					65	2,690,000	1,076,000	1,345,000	1,076,000

두류수영장은 인프라 및 접근성 등이 우수하여

강사의 노력이 없어도 수강생 모집이 용이함

전반적인 **프로그램에 가중치(α)를** 0.8로 산정하여 경영수익을 개선

□ 올림픽기념국민생활관 배분제에 따른 강습비용 지출 산출

종목별 특성을 고려한 배분비율(50%) 산출 시뮬레이션

- 가중치(α)를 적용한 올림픽기념국민생활관 경영실적 시뮬레이션

연번	강좌명	성명	강좌 수	총등록 인원	월평균 인원	총수입	총지출 강습료	월평균 수입	월평균 지출 강습료	가중치 1.0
계				2609	242	82,685,850	41,490,700	6,890,488	3,457,558	41,516,500
1	힐링몸짱교실	A1	주3회	421	35	15,120,000	7,578,900	1,260,000	631,575	7,560,000
2	바디웨이트	B2	주3회	339	31	13,161,500	6,105,750	1,120,417	520,625	6,580,750
3	댄스 스포츠1, 2	C3	주3회	295	26	9,648,000	4,842,000	853,500	428,250	4,824,000
4	댄스스포츠, 줌바댄스	D4	주3회 주2회	287	33	8,931,000	4,483,500	964,350	476,700	4,465,500
6	요가	E5	주2회	457	38	12,400,000	6,223,765	1,033,333	518,647	6,200,000
7	실버댄스	F6	주1회	215	18	1,720,000	860,000	143,333	71,667	860,000
8	줌바댄스, 에어로빅1,2,3	G7	주2회 주5,3,2회	595	61	22,052,500	11,035,165	2,139,700	1,071,196	11,026,250

올림픽기념국민생활관 위수탁 강습의 경우

기존 5:5 배분제를 시행하고 있음

탁구, 배드민턴과 같은 종목의 경우 5:5 배분제를 적용할 시

강사 계약이 어려워 강좌 개설을 못하고 있는 실정임

- 탁구, 배드민턴 등의 프로그램 개설을 통한 경영수익 증대
- 특정 종목(배드민턴)의 경우 **기본 5:5 배분제를 시행하되 가중치** (α)를 1.6으로 산정하여 강습료를 보정

□ 서재문화체육센터 배분제에 따른 강습비용 지출 산출

종목별 특성을 고려한 배분비율(50%) 산출 시뮬레이션

- 가중치(α)를 적용한 서재문화체육센터 경영실적 시뮬레이션

구분	강좌명	성명	총등록인원	월평균인원	실제총수입 (할인적용)	총수입 (할인미적용)	총지출강습료 (할인미적용)	원지출강습료 (할인적용)	손차익	가중치 적용
	계		11,386	949	193,497,530	233,846,700	116,923,350	96,748,765	20,174,585	1.2
1	힐링&파워요가	aa	717	60	39,592,210	50,428,000	25,214,000	19,796,105	5,417,895	1.3
2	다이어트&웰빙요가	bb	738	62						
3	다이어트댄스1,2	cc	638	53	42,013,350	54,449,000	27,224,500	21,006,675	6,217,825	1.3
4	K-pop, 줌바1,2	dd	955	80						
5	야간배드민턴	ee	3,089	257	87,488,290	99,023,700	49,511,850	43,744,145	5,767,705	1.2
6	오전오후배드민턴	ff	4,536	378						
7	파워다이어트	gg	337	28	24,403,680	29,946,000	14,973,000	12,201,840	2,771,160	1.2
8	코어다이어트	hh	376	31						

서재문화체육센터 위수탁 강습의 경우 기존 5:5 배분제를 시행하고 있음. 타 사업소와 달리 기금지원의 조례가 별도로 지정되어 있고, 강사 충원의 어려움을 프로그램별 구매단가(할인미적용)를 적용하여 위수탁 강사에게 강습료를 지급

- 요가, 댄스, 배드민턴, 헬스 프로그램별 5:5 배분 기준을 지키면서 가중치를 적용하여 계약
- 특정 종목의 경우 기본 5:5 배분제를 시행하되 가중치(α)를 민간시장에 맞는 가중치를 산정하여 강습료 보정

□ 승마힐링센터 배분제에 따른 강습비용 지출 산출

종목별 특성을 고려한 배분비율(50%) 산출 시뮬레이션

- 가중치(α)를 적용한 승마힐링센터 경영실적 시뮬레이션

치료 유형	구분	강습단가	성명	총 강좌수	연간지출 강습료	월평균 지출강습료	배분제(50%)	가중치 2.0
계				2,459	73,770,000	6,147,500	3,073,750	6,147,500
놀이 치료	개인	20,000	hh	551	16,530,000	1,377,500	688,750	1,377,500
언어 치료	개인	20,000	ii	143	4,290,000	357,500	178,750	357,500
미술 치료	개인	20,000	kk	291	8,730,000	727,500	363,750	727,500
미술 치료	개인	20,000	mm	422	12,660,000	1,055,000	527,500	1,055,000
	집단	50,000		38	1,140,000	95,000	47,500	95,000
언어 치료	개인	20,000	oo	472	14,160,000	1,180,000	590,000	1,180,000
	집단	50,000		50	1,500,000	125,000	62,500	125,000
언어 치료	개인	20,000	pp	367	11,010,000	917,500	458,750	917,500
	집단	50,000		125	3,750,000	312,500	156,250	312,500

승마힐링센터의 상담치료는 재활승마와 함께하는
프로그램이므로 배분제의 의미가 없음

- 기존 대구시설공단 직무 중 **파트타임 강사로 채용**(위수탁 강사에서
  제외)
- **상담치료센터 등과 업무협약을 통해 계약을 실시**하고, <u>강사채용의
  안정성과 강습의 효율성 증진 및 비용지출의 합리적 근거를 마련</u>

□ 대구실내빙상장 배분제에 따른 강습비용 지출 산출

종목별 특성을 고려한 배분비율(50%) 산출 시뮬레이션

- 가중치(α)를 적용한 대구실내빙상장의 경영실적 시뮬레이션

- 2019년 위수탁 강사 강습료 지급 기준 금액

방학특강(시간)	단체강습(시간)	정규반(시간)	수당(원)
500	392	–	17,840,000

- 배분제 적용 시 강습료 지급 기준 금액

강좌명	강습시간	개월	강습시간	예상지출 강습료	배분제(50%)	가중치 1.3
방학특강	10~12시	3(50일)	500	15,000,000	7,500,000	9,750,000
단체강습	오전	연중	392	11,760,000	5,880,000	7,644,000
	오후					
계				26,760,000	13,380,000	17,394,000

대구실내빙상장의 경우 배분제를 실시할 경우 문제(강습인원 및 강습시간 혼선 등)를 가질 수 있지만, **5:5배분제와 가중치를 적용하여 강사와의 계약을 체결하여도 가능할 것으로 사료**

- 위수탁 강사 32명에게 균등하게 배분
- 적정 강습인원 기준 미달 시 폐강 및 통합반 운영
  (ex. 1개반 강사1인당 5명 이상)

5-2-1 주요 도시 사례

• 타시도 위수탁 강사 평가방법 사례

구분	위수탁 시설	채용 방식	계약방법	평가자	법적 근거	강사평가
서울특별시	서울시설공단	혼용	무기계약직		시설 공단 내규	시간제, 배분제 X
	한국체육산업개발 (KSPO & CO)	정규직	무기계약직		국민체육 진흥공단 내규	시간제, 배분제 X
인천광역시	인천시설공단	혼용	정규직, 무기계약직, 기간제, 단시간제	실무직 강사의 평가	인사규정 시행내규 마련	형식적 강사평가
	인천환경공단	혼용	정규직, 무기계약직, 기간제, 단시간제	실무직 강사의 평가	인사규정 시행내규 마련	형식적 강사평가
	인천시체육회	혼용	정규직, 무기계약직, 기간제, 단시간제	실무직 강사의 평가	인사규정 시행내규 마련	형식적 강사평가
광주광역시	광주광역시체육회	혼용	정규직, 무기계약직, 배분제	연맹 및 실무자 평가	자체 내규	형식적 강사평가
대전광역시	대전시설공단	민간 위탁	시간제, 배분제, 월급제	위탁업체 실무자 평가	자체 내규	개인적 평가
울산광역시	울산시설공단	혼용	정규직, 계약직(비율제)	담당시설 정규직강사의 평가	인사규정 시행내규 마련	강사평정표
전라북도	전북스포츠클럽	혼용	계약직, 시간제	스포츠클럽 사무장 평가	자체 내규	강사평정표
경남 창원시	창원시설공단	혼용	정규직, 무기계약직, 시간제	관리자 및 실무자 평가	인사규정 시행내규 마련	강사평정표

- 위수탁 강사의 경우 인사규정에 관한 시행내규를 정하고 있지만, 대부분 공무직 또는 무기계약직에 한하며, 시간제 및 배분제에 해당하는 강사들의 경우 변동(이직, 구직 등)이 많아 평가와 재계약 기준을 설정하기에 힘든 점이 많음

- 위수탁 강사의 평가기준은 관리자 및 실무자들의 평가가 대부분이며, 강사평정표 등을 활용한 평가 기준을 마련한 울산, 전북, 창원 등에 한하며, 시간제 강사의 경우 많은 문제점이 발생하여 배분제(비율제), 프리랜서, 개인사업자 등으로 변경

• 타시도 위수탁 강사 평가방법 사례

- 각 공기업별 자체적으로 실행: 블라인드 평가(대상 강사와 강습에 대해 직접적 언급하지 않음)

□ 위수탁 강사들을 위한 강사 평가제(안)

위수탁 강사 평가 기준, 방법, 주체		
평가 내용	점수	평가 기준 및 방법
관리자 평가	20점	사업소장40%, 파트장60%의 배점, 복무 및 주관적 평가
실적 평가	30점	월별 강습정원대비 등록인원을 기준, 평균 등록률 산정
고객평가	20점	전월 고객들을 대상으로 만족도 조사를 한 후, 절대평가, 민원발생 시 감점 적용
외부평가	30점	외부전문위원(학계 1명, 관련기관(체육회 , 연맹 등) 1명, 지자체 및 기초단체 1명) 평가 → **고객 인터뷰**

※ 기타 교육점수, 자격증, 대구시설공단 아이디어 제안 등을 가점하여 최종 점수 산출

• 사업소별 위수탁 강사 평가비율

사업소 및 종목 특성에 따른 평가방법 차등 적용			
평가 내용	종목	평가방법	평가 비율
두류수영장	에어로빅, 줌바댄스, 요가	내부평가(월별 프로그램 구성 평가, 시연) + 외부평가	70:30
올림픽기념국 민생활관	실버댄스, 에어로빅, 댄스스포츠, 요가, 줌바, 체력증진교실	내부평가(월별 프로그램 구성 평가, 시연) + 외부평가	70:30
서재 문화센터	요가, 댄스, 힐링몸짱, 배드민턴	내부평가(월별 프로그램 구성 평가, 시연) + 외부평가	70:30
대구실내 빙상장	방학특강, 단체강습,	내부평가(빙상장 업무 기여도 평가) + 외부평가	70:30
승마 힐링센터	상담치료 (놀이, 언어, 미술,)	내부평가 + 고객평가	50:50

□ 위수탁강사 평가평정표(안)

평정요소		평정기준	사업소장(40%)					파트장(60%)				
			탁월	우수	보통	미흡	불충	탁월	우수	보통	미흡	불충
① 관리자평가 (20점)	정보화능력 및 전문지식 (5점)	담당직무를 수행함에 있어 관련업무의 정보화능력 또는 직무수행에 필요한 지식과 경험 정도	5	4	3	2	1	5	4	3	2	1
	이해판단력 (5점)	조직의 방침이나 상사의 지시사항에 대하여 이해력 및 상황 판단력의 정확성 정도	5	4	3	2	1	5	4	3	2	1
	업무숙지도 및 업무추진력 (5점)	담당업무를 정확히 숙지하여 업무처리의 정확성 여부와 담당업무를 책임성 있고 목표한 기간 내 완벽히 처리하는 능력	5	4	3	2	1	5	4	3	2	1
	업무개선도 (5점)	담당업무를 개선하여 공단 발전에 기여한 정도	5	4	3	2	1	5	4	3	2	1
① 근무 실적 (30점)	실적의양 (15점)	재등률률, 신규등록률, 이탈률, 담당업무를 기간 내 처리한 실적	15	12	10	7	5	15	12	10	7	5
	실적의질 (15점)	처리한 업무내용이 어느 정도 정확하고 효과가 있는지 여부(월별 신규프로그램의 실행여부)	15	12	10	7	5	15	12	10	7	5
③ 소 계(①＋②)		점					평정점: 점					
④ 고객평가 (20점)	기준점 : 점 (고객만족도)	감점: 점 (민원 등)	⑤ 외부전문위원평가(30점)									
※ 모든 점수를 부여한 후 인사규정 제61조 규정에서 정한 기준에 따라 평정자가 감점 평정함												
종합평정점(③＋④＋⑤)			점									

5-3-1 주요 도시 사례

• 인천시설공단 재계약관련 규정

제12조(계약의 해제 및 해지) 다음 각 호에 해당하는 경우 "공단"은 본 계약의 전부 또는 일부를 해제 또는 해지할 수 있다.
① "위탁강사"가 "공단"에게 사전에 알리지 않고 결강하거나, 강의(강습) 시간을 무단으로 단축하는 경우
② "위탁강사"가 제출한 강의(강습)계획서에 따라 강의가 이루어지지 않거나, 허위 부정한 방법으로 강의를 실시하는 경우
③ "위탁강사"가 수강생에게 폭언·폭행을 가하거나 금전을 요구한 경우
④ 강사의 원에 의하여 계약을 해지하고자 하는 때
⑤ 그 외 "공단"의 명예를 훼손하거나 이미지를 실추시키는 언행

• 인천시설공단 체육지도자 재계약 기준(예시)

종목	위수탁 비율	재계약 방법	제반법률 및 근거
줌바	수강료 수납총액(환불액 제외)의 50%(감면대상 수강인원 포함)	1년 단위 계약	자치법규(조례, 규칙) 지방공기업법 인천시설공단인사규정내규 인천시설공단인사규정시행내규 시행내규에의한평가

- 종목별, 강습시간별 세부적인 배분비율을 정하고,
- 1년 단위 계약을 통한 인천시설공단 인사규정 시행내규의 강사평정 기준 시행

• 울산시설공단 위탁강사 재계약 방법

종목	위수탁 비율	재계약 방법	제반법률 및 근거
수영	수영[강사 30% : 공단 70%] 평일 비수시간(12시~17시)	6개월 임기제	자치법규 (조례, 규칙) 지방공기업법 울산시설공단설치조례 울산광역시 울주군 시설관리공단설립 및 운영에 관한 조례 자체내규
	수영: [강사 35% : 공단 65%],		
	수영특수반(가족, 시니어 등) : [강사 35% : 공단 65%],		
	주말성인수영 : [강사 30% : 공단 70%],		
	주말어린이수영 : [강사 48% : 공단 52%]		
아쿠아로빅	[강사 25% : 공단 75%]		
헬스	[강사 34.5% : 공단 65.5%]		
생활체조	주3일 강습 : [강사 60% : 공단 40%], 주2일 강습 : [강사 50% : 공단 50%]		
점핑 피트니스	주3일 강습 : [강사 45% : 공단 55%], 주2일 강습 : [강사 40% : 공단 60%], 토요일(특강) 강습 : [강사 50% : 공단 50%]		
유잼 피트니스	유잼피트니스(다이어트 댄스) 주3일 강습 : [강사 40% : 공단 60%], 주2일 강습 : [강사 35% : 공단 65%], 주1일 강습 : [강사 30% : 공단 70%]		
	밸런스핏 주3일 강습 : [강사4 5% : 공단 55%], 주2일 강습 : [강사 40% : 공단 60%], 주1일 강습 : [강사 35% : 공단 65%]		

종목	위수탁 비율	재계약 방법	제반법률 및 근거
어린이방송 /발레핏	어린이방송댄스 주3일 강습 : [강사 65% : 공단 35%], 주2일 강습 : [강사 55% : 공단 45%], 주1일 강습 : [강사 50% : 공단 50%] 발레핏 주3일 강습 : [강사 45% : 공단 55%], 주2일 강습 : [강사4 0% : 공단 60%], 주1일 강습 : [강사 35% : 공단 65%]		
테니스	[강사 70% : 공단 30%]		
스쿼시	주3일 강습[강사 55% : 공단 45%] 주3일 비수시간대(12시~17시 강습) [강사 60% : 공단 40%] 주2일 강습[강사 60% : 공단 40%]		

- 종목별, 강습시간별 세부적인 배분비율을 정하고, 6개월 임기제를 통한 자체평가 시행

• 창원시설공단 재계약관련 규정

제9조(계약의 해지) "공단"은 다음 각 호에 해당하는 사유가 발생할 경우 언제든지 본 계약을 해지할 수 있다.
1. "도급강사"가 강습과 관련한 비위 및 회원 선동으로 "공단"의 이미지를 실추시켰을 때
2. "도급강사"가 업무상 고의 또는 중대한 과실로 "공단"과 강습회원에게 손해를 끼쳐 경고 등 처분을 3회 이상 받았을 때(단 "도급강사"의 부주의로 안전사고관련은 2회로 한다)
3. "도급강사"의 강습반 운영에 필요한 능력이 심히 부적합하다고 판단되었을 때
4. 제4조에 의한 강습료외 일체의 명목으로 금품수수 등의 행위 사실이 발각되었을 때
5. 제3조의 강습반 운영이 중지되는 경우
6. 회원관리 및 강습의 불성실로 인하여 급격한 회원감소(전월 3개월 평균회원30% 이하로)가 발생한 때

• 창원시설공단 도급강사 재계약 방법

종목	위수탁 비율	재계약 방법	제반법률 및 근거
다이어트 댄스	(공단: 40%, 도급강사 : 60%)	6개월 임기제	자치법규(조례, 규칙) 지방공기업법 창원시설공단 설치 조례 창원시 체육시설 관리 운영 조례 자체 내규

- 종목별, 강습시간별 세부적인 배분비율을 정하고, 6개월 임기제를 통한 자체평가 시행, 회원감소로 인한 계약 해지 조건부여

□ 위수탁강사의 재계약 기준 제시

위수탁 강사는 시간제 또는 배분제에 의해 계약을 실시하는 것은 필연적임
시간제의 경우 노동법과 관련하여 고용승계의 부담을 줄이는 방법으로 설계하고, 배분제
의 경우 기준 두류수영장 위수탁계약을 준용하여 사용, 내·외부평가를 통한 절대적 기준
의 명시가 모호함

시급제 표준계약서 주요 기준 내용
– 근로계약기간 명시: 1년 단위
– 근무장소
– 업무내용
– 근로시간: 주 15시간 이하
– 근무일 및 휴무일: 주5일(공휴일, 토·일요일 제외)
– 임금: 시급 30,000원
– 연차유급휴가 및 퇴직금 제외 명시
– 사회보험: 고용보험, 산재보험
– 기타
배분제 표준계약서 주요 기준 내용
– 계약기간 명시: 1년 단위(2+3)
– 계약내용 및 강습시간 명시
– 업무내용
– 재계약 해지 조건 : 강사평정점 60점 미만
– 강습수당배분비율: 50%(사업소득 부분 추가)
– 근무일 및 휴무일: 시간별(공휴일, 토·일요일 제외)
– 연차유급휴가 및 퇴직금 제외 명시
– 사회보험 제외 명시
– 강습 위탁자 –수탁자 → '**프리랜서 강사**' 명칭 사용

• 프리랜서 강사의 표준계약서(안)

프리랜서 강사계약서

대구시설공단 ○○○(이하 공단)와 ○○○(이하 강사)는 대구시설공단 위수탁 체육시설 ○○○○○ ○○ 강습과 관련한 아래의 조건에 대하여 성실히 이행할 것을 약정하고 상호 의사표시의 일치로 업무 위·수탁 계약을 체결한다.

제1조(목적) 이 계약은 공단이 ○○○○○ ○○ 강습과 관련한 업무를 강사에게 위탁 운영함에 있어 효율적인 추진을 위해 필요한 사항을 규정함을 목적으로 한다.

제2조(강습시간 및 계약기간) 본 계약의 아래의 표와 같이 하며, 유효기간은 20○○년 ○○월 ○○일부터 20○○년 ○○월 ○○일까지 1년으로 한다.

종목	강습시간	배분비율	재계약
○○○	월수금: ○○시 - ○○시	공단:50%,	최초: 2년
	화목: ○○시 - ○○시	프리랜서 강사 : 50%	재계약: 3년
	총 ○○ 시간		※ 1년 단위 계약

제3조(계약의 해지) ① 계약기간 만료일 30일 전에 공단은 프리랜서 강사에게 재계약 해지를 알려야 하고, 별도의 의사표시가 없으면 이 계약은 자동으로 유지된다.

② 다음 각호의 1에 해당할 때에는 공단은 이 계약을 중도에 해지할 수 있으며, 계약이 해지된 경우에 강사는 이의를 제기할 수 없다.

　1. ○○○○○ ○○ 강습과 관련한 공단 방침을 위반한 사실이 있을 때

　2. 계약기간 중 공단의 예산감축, 강습 축소, 폐지 등 경영상 불가피한 사유가 발생할 때

3. 강사가 강습 지도자로서의 품위를 손상하여 공단의 명예를 훼손한 경우

4. 강사가 무단으로 강습을 불이행하는 등 성실한 강습 수탁자로서의 의무를 위반한 경우

5. 기타 강사가 본 계약사항에 위반하거나 인사규정 제61조에 해당하는 계약을 유지할 수 없는 사유가 발생한 경우

제4조(강습지도 등) ① 강사는 친절하고 성실한 강습을 통하여 강습이용자가 만족할 수 있도록 최선의 노력을 다하여야 한다.

② 강사는 정당한 사유 없이 무단으로 강습지도를 행하지 아니할 수 없다.

③ 강사는 강습 지도일을 조정하고자 할 경우에는 사전에 공단과 합의하여야 한다.

④ 강사는 공단이 지급하는 강습수당 외에 동 업무와 관련한 사례, 향응을 받거나 품위를 손상하는 행위를 하여서는 아니 된다.

⑤ 강사는 강습프로그램 편성시 의견을 제시할 수 있으며, 공단이 정한 강습프로그램과 운영규칙에 따라 강습지도를 하여야 한다.

⑥ 공단은 강사의 강습지도에 대한 이용자의 불만이 있을 경우 이의시정을 요구할 수 있고 강사는 지시를 따라야 한다.

제5조(강습수당) ① 공단은 강사에게 강습과 관련한 활동에 대하여 매월 발생한 해당 강습 수입의 50%를 강습수당으로 지급한다.

② 제1항의 규정에 의한 강습수당 지급 시기는 익월 5일까지 본인 명의의 은행계좌로 입금하되 지급일이 휴일인 경우에는 전일 지급한다.

③ 제2항의 규정에도 불구하고 제3조 제5호에 해당하는 경우에는 해당 월의 강습수당 지급총액에서 강습 미이행 일수만큼 일할 계산한 금액을 차감하여 지급한다.

④ 공익상의 사유나 공단의 필요에 의해 강습을 시행하지 못한 경우에는 제3항의 규정을 적용하지 아니한다.

제6조(기타) ① 강사는 출·퇴근시간에 대하여 성실한 수탁업무자로서의 의무를 다하여야 한다.

② 국민연금, 건강보험, 고용보험, 산재보험에 대한 보험료의 부담과 신고 및 납부 의무는 강사에게 있다.

③ 강사로 인하여 강습 중 발생되는 각종 사고에 대한 민·형사상 책임은 강사에게 있고 공단은 일체의 책임을 지지 아니한다.

④ 본 계약에 명시되지 아니한 사항은 상호 협의하여 정한다.

⑤ 공단은 강습반에 대하여 내부평가(관리자평가20%, 실적평가30%, 고객평가20%), 외부전문위원평가 30%를 반기별로 실시하여 그 결과에 따라 재계약하지 않을 수 있다.

위 계약이 체결되었음을 증명하기 위하여 계약서 2부를 작성하여 공단과 강사가 각각 1부씩 보관한다.

20○○년 ○○월 ○○일

위탁자   대구광역시시설관리공단이사장   ○○○   강사   ○○○

위탁자 :   대구광역시시설관리공단 이사장 (인)

프리랜서강사 : ○○○ (인) (주소 : ○○○○○ ○○ ○○○○○ ○○○ 생년월일 : ○○○○. ○○. ○○.)

Chapter 6
강습 운영 개선

6-1 대덕승마장 강습 적정화 방안

6-2 대구실내빙상장 강습 적정화 방안

6-1-1 타시도 승마장 강습 및 개인레슨 현황

연번	승마장	운영주체	위치	강습프로그램	개인 강습현황	강습현황
1	상주 국제승마장	상주시 국제승마장 관리사업소	경상북도 상주시 사벌국면 경천로 683-47번지	기승: 일반 30,000 학생 25,000 월회원: 일반 450,000 학생 400,000 승마체험프로그램: 5,000	X	외부강사 강습금지
2	대전 복용승마장	대전 시설공단	대전광역시 유성구 덕명로 56번길 199	월회원: 일반 490,000, 학생 330,000 쿠폰(1매): 일반 280,000, 학생 240,000	X	외부강사 강습금지
3	전주 승마장	전주 시설공단	전주시 덕진구 호성로 19	1회강습: 일반 30,000 학생 15,000	X	외부강사 강습금지
4	함안 승마장	함안군	경상남도 함안군 가야읍 말산로 1	관내체험: 일반 10,000 학생 5,000	X	외부강사 강습금지
5	운주산 승마 조련센터	영천시	경상북도 영천시 시청로 16	월회원: 성인 300,000 학생 250,000 승마체험: 성인 20,000 학생 15,000	X	외부강사 강습금지

> 시군구에서 관리하며, 시설관리공단 등에서 운영하는 대부분의 승마장에서는
> 개인레슨이나 외부강사에 의한 강습이 금지되어 있음

6-1-2 대덕승마장 운영 현황 및 내부평가

□ 주요 인력운영

- 승마강습 : 교관 6명(공무직), 승마 2명(한시직 1명 포함), 재활 4명
  일반승마 14개 / 재활승마 12개 강습 운영
- 마필관리 및 실내·외 환경정비 : 마필관리원 7명(공무직)

□ 강습 현황 및 문제점

- 개인레슨 없으며, 공무직 강사 위주 운영
- 위수탁(재활)강사는 대체인력 구하기 힘듦
- 강사채용 시 실기시험을 반드시 포함. (교관인데 말을 타지 못하는
  경우 발생)
- 교관의 경우 마필 관리 필요. (강습에 사용되는 말의 영양 및 컨디
  션)
- 공무직 강사의 별도 평가기준 마련할 필요가 있음. (마사회의 경우
  기승평가 적용)
- 고객평가의 경우 많은 문제점 있음 (승마 -고객평가 / 재활승마 -학
  부모평가)

6-1-3 대덕승마장 강습운영 개선 방안

• 공무직 강사 평가 도입

    − 공무직 강사채용 기준에 기승평가 도입

    − 공무직 강사평가에 한국마사회와 같은 외부기관 평가기준을 적용

       ◦ 고객평가비율 낮게 적용,

       ◦ 기승평가 및 마필관리 적용

    − 공무직 강사의 성과제를 시행하여 급여체계의 변화가 필요

       ◦ 특강, 연차성과비 등

    − 외부위원을 투입하여 공무직 강사 평가(기승평가)

    − 고무적인 업무에 퇴화된 공무직 강사의 동기부여를 위해 재교육 또
      는 연수 프로그램에 참여토록 유도하고 평가에 적용

• 승마(재활)강습 적정화

    − 신규 강습 프로그램 개설 증진

    − 높은 접근성을 활용하여 유관기관 MOU체결을 통해 단체승마 활성
      화

    − 유소년 승마 활성화를 위해 공무직 강사들의 적극적인 참여 유도

    − 시스템 개편

       ◦ 강습에 사용되는 마필(6필) 배분제

       ◦ 자율강습 시간을 허용하여 강습회원 증진 및 성과 인센티브에 반영(사설
       대비)

    − 재활승마 프로그램 다양성과 큰(大) 말들까지 활용 가능하도록 편성

• 마필 운동(순치) 관리체계의 현황과 개선방안

	현황	문제점
마필 운동 (순치) 관리 체계	− 교관들의 마필관리 전반 운용 능력 문제 − 교관의 순치수준이 미흡하며, 부상 등으로 순치인원 절대 부족 − 마필 낙마사고가 종종 발생되고 있음 − 운동관리, 처치관리, 사양관리, 마체관리, 장비관리 등 − 종합적인 경험과 의지 부족으로 마필관리의 허술함 및 한계가 있음 − 교관들의 책임감 부족 및 업무분장의 넓은 확대 필요	− 순치능력 부족 및 인원 결여 시 회원의 안전사고 증가 및 마필 이해부족으로 인해 강습의 수준이 낮을 수밖에 없음 − 마필의 전반적인 관리미숙으로 인한 마필의 능력저하 및 불용마의 확률 높아짐, 경험 있는 신규 마조차 적응 못 시키고 있음 − 책임감 부족으로 인한 대덕승마장 및 공단의 리스크 상당히 증가 − 관리의식이 많이 부족하며 특히 장비(고가품들 안장, 굴레 등)의 재고관리 및 책임이 없는 상태 − 강습 업무 외에는 교관들의 업무가 아니라 생각

	개선방안	설명
마필 운동 (순치) 관리 체계	– 교관의 채용 시 서류 및 자격증만으로 채용하지 않고 기승능력 평가의 실기 추가로 객관적이고 기승이 지속적으로 가능한 교관 선발 – 교관 채용 시 유경험자의 가산점 부여 – 정기적인 기승능력 평가 및 관리 허점 시 그에 부응하는 업무분장 및 패널티 적용(외부전문위원) – 교관평가 시 마필 관리가(운동) 상당한 비중으로 평가되어야 함 – 각각의 중간 책임교관(승마, 재활)들이 각각 관리하고 보고할 수 있는 체계가 필요 – 승마장 전반에 걸쳐 책임의식 부여를 위해 업무분장 전반 개선 필요	– 승마 및 재활승마에서 교관의 기승 능력 및 마필관리 운용능력은 회원 강습 이상으로 중요한 부분임 – 마사회의 경우 상당히 높은 수준의 기승평가 및 지도하는 상황까지 평가하여 안전사고 및 강습의 질에 만전을 기함 – 순치의 의미는 날뛰는 말에 힘 빼는 것만 의미하는 것이 아니라 지속적인 기승관리를 의미하며 기승을 통하여 그 말에 대한 정보를 회원에게 피드백할 수 있어야 함 – 중간교관들에게 책임과 관리의무 부여 필요

• 승마장 업무시간배정의 개선방안

	현황	문제점
업무 시간 배정	– 재활승마교관의 경우 하루 8시간 기준 160분 이내의 수업 시간 배정 – 승마교관의 경우 하루 300분 이내의 수업 시간 배정 – 승마수업의 경우 출근과 동시에 마필상태 확인 없이 바로 강습 – 야간 승마 시 교관부족으로 인한 시간 외 과다사용 및 피로 누적 – 재활승마의 경우 현재 평일 오전 강습 없음 – 승마교관의 경우 인력 부족으로 마필 순치 시 시간 외 사용 – 운동관리, 평탄관리, 일지관리 등 각종관리의 인력 부족	– 재활승마와 승마수업 시간적 특성을 감안하여도 비율이 맞지 않음. – 재활승마교관의 경우 오후로 수업이 몰려 있어 오전에는 특별한 일과 없이 마필 1~2마리 조마운동이 전부 – 승마 오전 수업 배정의 과다와 수강 인원 대비 효율 낮음 – 점심시간 후의 유휴시간이 애매하게 남음, 12시 이후 재활승마 1시 50분 시작, 승마 2시 이후 수업 시작 – 재활승마 오후 5개 수업 배정이 승마수업과 맞지 않아 수업종료 후 마장평탄 및 마필점검, 일지정리 및 뒷정리 시간이 이원화됨 – 승마의 경우 6시까지 이용 가능 시간으로 되어 있어, 현실상 6시 이후 평탄 및 뒷정리를 해야 함

	개선방안	설명
업무 시간 배정	− 재활승마와 승마의 교관 강습시간을 재활 200분, 승마 240분 정도로 기본 업무 시간을 확립 − 60분 마필 운동 및 관리, 60분 평탄 및 마필 일지 관리. 재활 일지 관리 − 재활승마교관 평일 9시 출근 시 실외 마장 안전근무 배치, 평일 11시 출근하여 오후 8시 퇴근으로 조정 − 재활승마장 오전을 일반승마 강습장으로 활용하여 강습공간 동시 3개 운영으로 효율 및 수입향상 − 오전 3타임에서 2타임으로 조정 승마 수업의 준비시간 확보(수업시간 조정필요) − 재활승마 기존1시 50분 시작 5시 30분 종료를 변경하여 1시 30분 시작 및 5시 수업 종료 − 오후 5시 30분 이전 마장 출입 종료 후 평탄 및 뒷정리 시작	− 승마와 재활승마의 경우 명확한 강습 분장과 일과의 일정치 않은 분배 및 시간으로 잡음이 많음 − 명확한 업무시간의 정립과 업무분장으로 불필요한 인력 조정과 시간의 제고로 수지 개선 및 교관들의 과도한 업무를 덜 것으로 예상됨 − 관리 일지 및 담당일과들을 정함으로써 불합리하고 협동적이지 못했던 부분들을 개선할 수 있을 것으로 기대

• 대덕승마장 강습 적정화 방안

	현황	문제점
강습 적정화 방안	− 획일적인 승마 강습과 수준별, 연령별, 구분 없이 예약되는 대로 수업 − 흥미와 목표 결여로 지속적인 회원 확보 및 유지 어려움 − 체험승마 및 수익을 증대시키기 위한 프로그램 부족 − 연령 및 체중등 제한적인 승마강습으로 인해 수익 증대에 어려움 − 기존 재활승마 이용자들의 반복적인 신청으로 인한 신규이용자들의 이용 기회 감소 − 조랑마 사이즈의 재활강습으로 인한 다양한 프로그램 제약	− 수준별, 연령별로 맞추지 않고 강습을 진행, 수업의 진도를 맞추기 어려움. − 반복되는 강습과 흥미 결여로 회원의 이탈이 반복됨. − 다양한 연령대의 수용 불가로 인해 돌아서는 고객들의 수가 많음 − 개선 및 효율성이 없는 재활승마의 지속적인 확장으로 인한 수지 악화

	제안	설명
강습 적정화 방안	◦ 지속적이고 체계적인 이론 교육 및 장안교육을 통한 승마의 흥미와 목표 지향 ◦ 기승능력제의 도입을 통한 목표의식 함양, ◦ 좀 더 낮은 연령대로 승마 강습을 확장하여 프로그램 신설 ◦ 현재 2층의 상담시설을 변경하여 회원들의 휴게공간 변경 ◦ 기승(실기수업) + 이론수업 교실 필요함 ◦ 포토존 및 당근주기, 승마장 내 말들의 사양, 습성, 구조, 특징, 장비 및 승마 스포츠의 지식 정보 전달을할 수 있는 인테리어인포 확충을 통하여 승마의 관심 및 흥미 극대화 ◦ 체험승마장 활성화 및 프로그램을 통하여 승마장 홍보 및 강습뿐만 아니라 말관련 전반적인 정보전달과 하나의 문화로 자리매김하도록 유도	◦ 현재 체험형 및 반복적인 강습에서 탈피하여 회원들이 직접 말을 만지고 느끼고 마필에 대하여 이해도를 높이도록 하여 기존 회원들의 만족도를 올리도록 함

6-2 대구실내빙상장 강습 적정화 방안

6-2-1 타시도 빙상장 운영 현황

∘ 전국 빙상장 현황(공공기관운영) : 25개(8개는 빙상경기 전용)

구 분		운영주체	개인강습	지도자고용형태
1	경기	화성유앤아이센터	화성시문화재단	O	시간제강사 (개인강습허용)
2		안양종합운동장	안양도시개발공사	O	프리랜서
3		과천빙상장	과천시설관리공단	O	프리랜서
4		의정부빙상장	의정부시설관리공단	O	프리랜서
5		탄천빙상장(성남)	성남도시개발공사	O	프리랜서
6		분당아이스링크	한국체육산업개발	O	프리랜서
7		덕양빙상장(고양)	고양시설관리공단	O	프리랜서
8	경상	부산남구빙상장	부산남구청	O	기간제계약직, 프리랜서
9		부산북구빙상장	부산 북구청	O	프리랜서(위수탁) ※ 수입금배분제
10		김해빙상장	김해문화재단	O	〃
11		의창빙상장	창원시설공단	O	〃
12		성산빙상장	창원시설공단	O	〃
13	전라	광주실내빙상장	광주광역시도시공사	O	〃
14		전주실내빙상장	전주시설관리공단	O	〃
15	강원	춘천빙상장	춘천도시개발공사	O	〃
16	충청	아산이순신빙상장	아산시	X	기간제계약직(5명)

시군구, 시설관리공단 등에서 운영하는 대부분의 빙상장에서는
개인레슨이 허용하고 있으며, 외부강사에 의한 강습은 금지

150 Chapter 6 강습 운영 개선

6-2-2 대구실내빙상장 운영 현황 및 내부평가

☐ 주요 인력운영

    – 보유인력 : 18명(사무4, 기술2, 공무9, 실버3)

    – 빙상강습 : 강사 2명(공무직), 7개반 운영 / 위수탁 강사 10명, 생활
                      체육 프로그램반 운영 및 전문체육(쇼트, 피겨)은 별도
                      운영

    – 정빙 및 링크관리 : 3명(공무직3)

☐ 강습 현황 및 문제점

    – 위수탁 강사가 생활체육 프로그램에 참여할 경우 시급제(시간당
      30,000원)로 지급

    – 대구빙상연맹과 위수탁 강사에 대한 지속적인 협의가 필요

    – 위수탁 강사의 전문체육분야 개인레슨을 막을 수 있는 방법이 부재

    – 빙상장의 프로그램에 위수탁 강사를 활용하여 상호공존하는 형태로
      운영

    – 위수탁 강사에 대한 평가하기가 힘들고, 평가기준에 의한 경기단체
      와 갈등, 민원 등이 발생할 수 있음

6-2-3 대구실내빙상장 강습운영 개선 방안

□ 위수탁 강사 평가 도입

- 위수탁 강사의 능력에 따라 프로그램별 시간급제 + 성과급제를 시행
- 위수탁 강사에 대한 정액제로 유도하여 시설공단 소속의 위수탁 강사로 자격을 부여
- 위수탁 강사 재계약 기준을 최소한으로 마련하여 갈등에 대비
- 외부위원을 투입하여 위수탁 강사 평가
  * 내부평가(70%) + 외부평가(30%)

□ 빙상장 위수탁 강습 적정화

• 생활체육 프로그램 증진

• 낮 시간 위수탁 강사 활용 프로그램 증진

  - 오전: 실버 스케이팅
  - 오후: 유아 + 청소년 프로그램
  - 방학특강
  - 신나는 주말 학교밖 스포츠
  - 방과후 스포츠클럽

• 자유레슨 시간대 편성(안)

  - 특정 시간(16시 – 18시) 자유레슨 허용
  - 시설사용료 산정

※ 위수탁 강사의 개인레슨 허용에 대한 부분은 법률과 제도적으로 방지할 방법이 마련되어 있지 않음.

Chapter 7

공단에 직접 고용된
체육시설 내(內)
강사의 평가기준 설정

7-1 공무직 강사의 현황 파악 및 분

7-2 공무직강사 평가 모델

7-1-1 타시도 공무직 강사평가의 검토

• 인천시설공단 공무직 관리 규정

제2절 근무성적 평정

제12조(근무성적 평정) ① 공무직의 근무성적 평정에 필요한 기준에 관한 사항은 인사부서에서 수립한다.

② 공무직 근무성적 평정은 매 반기 말일을 기준으로 별지 4호 서식에 따라 연2회 평가를 실시하며, 세부 평가사항은 이사장이 정할 수 있다.

③ 근무성적은 각 평가요소별로 평가하여 탁월, 우수, 보통, 미흡, 불량의 5단계로 종합 평가한다.

④ 고용권자는 근무성적평정 결과를 해지, 보수, 재계약 등의 결정에 반영할 수 있다.

⑤ 공단 사업장의 근무성적 평정자는 사용부서 팀장으로 하며, 시 사업장의 근무성적 평정자는 사업소별 1차 직책자(주임, 반장), 2차 청사관리팀장으로 하되, 직책자가 없는 사업장과 직책자의 경우에는 청사관리팀장으로 하고 확인자는 사용부서장으로 한다.

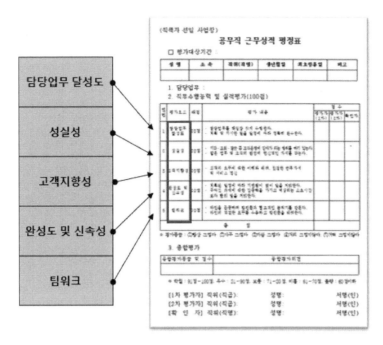

| 담당업무 달성도 |
| 성실성 |
| 고객지향성 |
| 완성도 및 신속성 |
| 팀워크 |

그림 1. 인천시설공단 공무직 근무성적 평정표

• 인천시설공단 4급이하 실무직 평정기준

평 정 요 소		평 정 기 준	평 정 자				확인자			
			탁월	우수	보통	미흡	탁월	우수	보통	미흡
① 근무 실적 (30점)	실적의양 (11점)	담당업무를 기간내 처리한 실적	5.5	4.5	3.5	2	5.5	4.5	3.5	2
	실적의질 (10점)	처리한 업무내용이 어느 정도 정확하고 효과 가 있는지 여부	5	4	3	1.5	5	4	3	1.5
	업무개선도 (9점)	담당업무를 개선하여 공단발전에 기여한 정도	4.5	3.5	2.5	1	4.5	3.5	2.5	1
② 직무 수행 능력 (15점)	정보화능력 및전문지식 (5점)	담당 직무를 수행함에 있어 관련 업무의 정보화 능력 또는 직무수행에 필요한 지식과 경험 정도	2.5	2	1.5	1	2.5	2	1.5	1
	이해·판단력 (5점)	조직의 방침이나 상사의 지시사항에 대하여 이해력 및 상황판단력의 정확성 정도	2.5	2	1.5	1	2.5	2	1.5	1
	업무숙지도 및업무추진력 (5점)	담당 업무를 정확히 숙지하여 업무처리의 정확성 여부와 담당업무를 책임성 있고 목표한 기간 내 완벽히 처리하는 능력	2.5	2	1.5	1	2.5	2	1.5	1
③소 계(①+②)		점								
④직무수행태도 (5점)	기준점 : 5점	감점 : 점	평점점 : 점							
※ 만점을 부여한 후 인사규정시행내규 제31조 규정에서 정한 기준에 따라 평정자가 감점 평정함										
종합평정점(③+④)		점								

7-1-2 대구시설공단 체육분야 공무직 평가

- 대구시설공단 공무직 인원

계	수영강사	아쿠아강사	헬스강사	탁구강사	승마교관	빙상강사
59	41	4	4	2	6	2

- 대구시설공단 공무직 평가 현황

구 분	평가기준	평가 배점		평가기간
		현 행	개선 후	
실적평가	강사별 회원 확보율(%) (강습 정원 대비 등록인원 비율로 산정)	25%	30%	월1회 (익월초)
관리자평가	현재 평가 기준 (복무평가 30점, 관리자평가 70점)	15%	30%	연2회 (4, 10월)
고객평가	전문 평가기관 위탁 (강습회원 대상 설문조사)	40%	20%	연2회 (3, 9월)
다면평가	동료별 다면평가 (동료 및 부서관련자 2인 평가 참여 – 최고, 최저점 제외)	20%	10%	연2회 (4, 10월)
교육평가 (신설)	교육시간 (20시간)	0	10%	연1회

공무직 강사 평가		
평가 내용	**점수**	**평가방법**
관리자 평가	15점	소장40%, 처장60%의 배점, 복무 및 주관적 평가
실적 평가	25점	월별 강습정원대비 등록인원을 기준, 평균등록률에서 강사별 순위에 0.5점씩 차등 적용 (강사인원 23명 중 최상 25점, 최하 15.5점)
고객평가	40점	전월 고객들을 대상으로 만족도 조사를 한 후, 점수가 높은 순서대로 강사별 순위에서 0.5점씩 차등 적용
다면평가	20점	강사별 순위를 정한 후 합계를 바탕으로 순위를 정한 후 20점부터 0.5점씩 차감
※ 기타 교육점수, 사내제안 제출 건 수 등을 가점하여 최종 점수 산출		

공무직 강사의 상대평가는 강사의 역량을 평가하기보다는

서열화에 의한 평가가 적용되고 있음

→ 이로 인해 강사들 간의 보이지 않은 갈등과 다툼, 좋은 평가의 안전지대에 소속하려는 경향을 보임

고객평가의 기준점수가 너무 높게 측정되어 있고,
동료를 평가하는 상호평가 기준 또한 높게 편성되어 있음

→ 이로 인해 강사들이 강습의 질보다는 회원들과의 친분 쌓기,
평가 전 전화 또는 메시지에 의존

7-2　공무직강사 평가 모델

> 대구시설공단 공무직 강사의 고용 안정과 평가체계의 합리적 기준과 방향을
> 제시하고 강사의 자질을 함양하기 위한 평가모델을 설계

☐ **정량적 평가(반영비율 50%)**

정량평가 **50%**

내부자체

01 절대평가 기준 적용

- 고객평가의 의존성을 낮출 필요가 있음
  (고객의 친분 또는 청탁을 배제)
- 사업소별, 시간대별 평가요소를 반영
- 관리자평가, 실적평가, 고객평가의 동료평가로 기준마련

관리자 평가(30%)	실적 평가(30%)	고객 평가(30%)	다면 평가(20%)

정성평가 **50%**

외부위원

02 상대평가 기준 적용

- 대구시설공단 공무직 강사 외부전문가 평가위원 구성
: 학계 2명, 체육관련 기관 2명, 이용고객 1명
- 연 1회 실시
: 대구시설공단 내부평가(정량평가)를 토대로 정성평가를 시행
 ※ 특정 종목의 경우 실습 및 시범 등을 포함

- 외부위원에 의해 강사들의 상대적 평가와 차등을 적용
- 외부위원의 개별적 평가내용들에 대한 최대치와 최소치를 제외하고
  평균값(중위수)을 적용

□ 대구시설공단 체육분야 공무직 평가 가점 기준
 (세부적인 추가 반영 필요)

• 자격 및 면허에 의한 체육분야 가산점 적용

 ※ 공인정보시스템감사사(CISA):
   국제정보시스템감사통제협회 검정 시행
 ※ 공인정보시스템보호전문가(CISSP):
   국제정보시스템보안자격협회 검정 시행
 ※ 개인정보관리사(CPPG):
   사)한국CPO포럼 검정 시행 (자격등록번호: 2010 – 0516)

구 분				
	변호사	경기지도자1급	스포츠경영관리사	운동건강관리사
	기술사	스포츠지도사1급	경기지도자2급	유소년스포츠지도사
	건축사	기사	스포츠지도사2급	노인스포츠지도사
	세무사	기록물관리전문요원	국제심판(종목단체)	도핑검사관
	공인노무사	자격취득자	산업기사	국내심판(종목단체)
	감정평가사	공인정보시스템감사사	ERP정보관리사	기능사
	공인회계사	공인정보시스템보호전문가	전산회계운용 2급 이상	재경관리사
	법무사	평생교육사1급	전산세무1급	전산회계운영3급
	기능장	석사학위취득자	전산회계1급	전산세무2급
	박사학위취득자		회계관리1급	전산회계2급
			행정사	회계관리2급
			경영지도사1급	개인정보관리사
			평생교육사2급	평생교육사3급
				수상안전법강사(대한적십자사)
				인명구조강사(YMCA 전국연맹)
점 수	2	1	0.5	0.3

□ 공무직 강사 평가 모델(제안)

> 대구시설공단 공무직 강사의 유형별 적정 평가기준을 적용하고
> <u>고객변동 변수를 상수로 고정하여</u> 종목, 시간대, 사업소,
> 프로그램 등에 따라 적용

• 내부평가의 정량평가 요소

자체평가 반영 비율 (예)			
진단 포인트	상	중	하
관리자 평가 (30%)			
실적평가 (30%)			
고객평가 (30%)			
다면평가 (10%)			

(강점) 관리, 실적, 고객평가 균형

◦ **상대평가제 폐지**하고 실증적인 절대평가를 달성할 수 있는 **절대평가의 상수를 도입**

◦ 다면평가의 경우 참고사항 정도로 비율을 낮추면서 강사들의 재교육 및 연수 참가 등에 대한 추가적인 점수를 부여

• 절대평가의 상수를 도입하는 기준과 원칙

구분	절대평가 상수	기준내용
종목	0.7~0.9	종목에 따른 평가 상수 도입
		예) 아쿠아로빅, 요가, 에어로빅 등 지속 미변동 종목
시간대	0.7~0.9	시간대에 따른 평가 상수 도입
		예) 오전 09시~ 12시, 오후 18시~21시 시간대
프로그램	0.7~0.9	프로그램에 따른 상수 도입
		예) 초급반, 연수반 등의 프로그램
취약층	1.2~1.5	취약 시간대, 종목, 프로그램, 사업소별
		예) 빙상장(생활체육), 두류수영장(낮시간) 등 프로그램

붙임자료

타시설 위수탁 계약서

□ **울산시설공단 위수탁 계약서**

교육 위수탁 계약서(수영)

수탁자 (이하 ' 강사')와 위탁자 울산시설공단 (이하 '공단')은 **교육 업무**에 대하여 아래 내용과 같이 상호 신의 성실의 원칙에 따라 위수탁 계약을 체결한다.

1. 위.수탁 업무명 : 해당 강습과목

2. 위.수탁 업무의 범위

   가. 교육 수강생에 대한 교육(이론 및 실기 포함)

   나. 구체적 교육내용과 방법은 강사가 결정하며, 관련사항은 상호 협의결정

3. 위.수탁기간 : 전 항의 위탁업무의 종료시까지 (2020. 1. 2. ~ 2020. 6. 30.)

   ※ 천재지변 , 운영시설의 정비 등 계약을 유지하기 어려운 상황이 발행 할 경우 상호 협의하여 위·수탁기간을 조정할 수 있다.

4. 보수산정기준

가. 위수탁 업무에 발생한 수강료는 강사에게 귀속된다. 다만, 공단은
   시설유지.관리 등을 위해 아래 기준에 따라 능력제로 배분한다.

나. 배분기준은 평일 수영[강사 30%: 공단 70%] 평일 비수시간(12시~17시)수영 :
   [강사 35%: 공단 65%], 수영특수반(가족, 시니어 등) : [강사 35%: 공단 65%],
   주말성인수영 : [강사 30%: 공단 70%], 주말어린이수영 : [강사 48%:공단 52%]
   와 같이 배분한다. 다만, 정원 50% 미만시 폐강에 대해서는 상호 협의하여 결
   정한다.

다. 공단은 매월 또는 정해진 위수탁기간 종료 후 천재지변 등 상호 인정할 만한
   정당한 사유가 있는 경우를 제외하고 7일 이내 수강료를 배분한다.

라. 공단은 관련 법에 따라 강사 배분금에서 소득세, 주민세 등 제세금을 징수한다.

마. 단 계약중이라도 폐강, 센터공사 등 센터의 사정으로 인하여 해당강좌가 개설
   되지 않은 경우 강사료를 지급하지 아니한다.

5. 상호 성실의 의무

가. 강사 및 공단은 위수탁 계약에 따라 업무의 효율적이고 충실한 진행을 위하여 제반사항에 대해 상호 협력한다.

나. 강사는 정당한 사유없이 위수탁업무를 중단하여서는 아니된다.

다. 강사는 위수탁업무를 제3자에게 대행케 할 수 있으나, 대행자의 업무대행으로 발생하는 업무품질의 저하에 대하여는 전적으로 강사의 책임으로 한다.

라. 강사는 위수탁업무의 필요교재 및 도구 등의 준비에 대한 책임을 진다.

마. 강사의 위수탁업무 중단 의사표시는 강의 중단 30일 전까지 공단측에 통보하여야 한다.

바. 강사는 공단의 위수탁계약내용에 따른 이행여부에 대한 확인요청시 이를 확인하여야 한다.

사. 공단은 강사의 위수탁계약의 범위 외의 업무 또는 각종 지시/관리 등을 하지 못한다.

6. 손해배상

가. 본 계약상 권리의무의 이행 등에 있어 상호간 손해를 발생케 한 경우그 책임은 발생자에게 있음을 확인한다.

나. 강사는 위수탁계약의 불이행(불완전이행) 또는 제3자로 하여금 업무를 대행 중 공단에 손해(수강생 민원 등)를 발생케 한 경우 그 손해를 전체를 배상한다.

다. 공단의 과실로 인하여 위수탁업무의 불가 및 차질 등으로 인하여 수강생 불이익 및 민원 등이 발생함에 따라 강사에 대한 손해가 발생한 경우 이를 배상한다.

라. 위수탁계약의 해지로 인하여 발생한 손해에 대하여는 그 해지사유 발생자에 책임이 있다.

7. 위수탁 계약의 해지사유

계약당사자가 아래 사항의 하나에 해당하는 경우에는 일방의 당사자가 위수탁 계약을 해지할 수 있다.

가. 정당한 사유없이 위수탁 계약상 의무를 이행하지 않은 경우

나. 회원들로 부터 민원이 발생한 경우

다. 개인사업장 소개.연결 또는 물품 판매나 광고를 한 경우

라. 위.수탁 기간 중 강사가 형사상 기소 등의 사실이 있는 경우

마. 수강료를 유용 또는 횡령한 경우

바. 건강상의 이유 등으로 강습(교육)을 계속하여 수행하기 어려운 경우

사. 시설에 강습(교육) 미등록자를 대상으로 강습(교육)하는 경우

아. 강습(교육)용 교재도구 등을 위해 강사가 회원을 대상으로 금품모금 한 경우

자. 체육시설관리처장이 매월 또는 정해진 강습(교육)기간 종료 후 천재지변 등
    상호 인정할 만한 정당한 사유가 있는 경우를 제외하고는 강습종료 후
    7일(공휴일과 토요일은 제외한다.) 이내에 수강료를 배분하지 않은 경우

카. 강사에게 시설의 규정을 적용시키고, 구체적이고 개별적인 지휘 · 감독을 한 경우

7. 기타

가. 상기에 명시되지 아니한 사항에 대하여는 당사자 쌍방의 협의에 의하여 해결
    함을 원칙으로 한다.

나. 계약서는 총 2부를 작성 · 날인하여 각각 보관한다.

2019년   월   일

수탁자 : 수영강사   (인)

위탁자 : 체육시설관리처 문수운영팀장   (인)

강의(강습) 위탁 계약서

인천시설공단이사장(이하 "공단")과 "위탁강사"는 다음과 같이 강의 위탁 계약을 체결한다.

제1조(계약당사자) 계약당사자는 다음과 같다.
　　(공　　단) 인천시설공단 이사장
　　(위탁강사) 주소 :
　　　　　　　성명 :　　　　　　　　　생년월일 :

제2조(위탁범위) 위탁범위는 삼산월드체육관 스포츠센터에서 이루어지는 생활체육 줌바 프로그램의 강의(강습)로 한다.

제3조(위탁내용)
　1. 줌바 프로그램의 강의(강습) 계획 수립
　2. 강의(강습) 계획에 의한 수강생 강의 지도

제4조(계약기간) 계약기간은 2021년1월2일부터 2021년 12월 31일까지로 한다.

제5조(운영시간) 강의(강습) 운영시간은 '공단'이 수강생 모집계획에서 정한 다음의 강의시간으로 한다.

장 소	강습일시	주 근무시간	비 고
삼산월드체육관	월수금 13:00~13:50 화 목 09:00~09:50, 12:00~12:50, 19:00~20:50	주 11시간	

※ 단, 해당강좌는 센터에서 정하는 수강인원을 넘지 못할시 폐강될수 있음.
※ 공단 내 강의시간이 총 주 15시간을 넘지 않아야 함.

제6조(강의비용) "공단"은 1개월의 강의(강습) 실시 후 "위탁 강사"에게 사업소득, 주민세를 제한 금액을 강의비용으로 지급한다.

(비율제) 월간 <u>수강료 수납총액(환불액 제외)의 50%(감면대상 수강 인원 포함)</u>

※ 1회의 강의 기준으로 1시간 이하는 1시간으로 산정
※ 단, 특수한 경우 비율은 조정될 수 있음.

제7조(시설 및 기자재 관리) ① "위탁강사"는 시설 및 기자재의 이상 등으로 강의에 지장이 발생 하지 않도록 사전점검 및 관리에 철저를 기하여야 하며, 운영 중 "위탁강사"의귀책 사유로 시설 및 기자재의 파손 및 망실이 발생할 경우 책임을 진다.

② "공단"은 양질의 강의(강습) 환경 구축에 노력한다.

제8조(수강생 안전 관리) ① "위탁강사"는 수강생의 안전관리를 위한 "공단"의 요구에 협조하여야 한다.

② "위탁강사"는 강의(강습) 중 발생하는 안전사고에 대하여 "공단"이 사전 제시한 방법에 따라 필요한 조치를 취한 후 즉시 "공단"에게 통보하여야 한다.

제9조(결강) ① "위탁강사" 또는 "공단"의 부득이한 사정으로 결강하는 경우 상호 협의로 정해진 시간에 보강을 실시하여야 한다.

② 제1항에 불구하고 "위탁강사"에 의한 결강이 연속되거나 장소 등의 사정으로 보강이
어려운 경우 일정 기간 임시 강사에게 강의(강습)을 위탁할 수 있다.

제10조(재위탁 금지) "위탁강사"는 서면에 의한 "공단"의 동의를 구하지 않고 본 강의(강습)의 일부 또는 전부를 제3자에게 위탁할 수 없다.

제11조(신의성실) "공단"와 "위탁강사"는 계약내용을 성실하게 이행하며 이를 이행치 않거나 무성의하게 처리하여 발생되는 일체의 민·형사상 책임에 대해 어떠한 이의도 제기하지 않는다.

제12조(계약의 해제 및 해지) 다음 각 호에 해당하는 경우 "공단"는 본 계약의 전부 또는 일부를 해제 또는 해지할 수 있다.
① "위탁강사"가 "공단"에게 사전에 알리지 않고 결강하거나, 강의(강습) 시간을 무단으로 단축하는 경우
② "위탁강사"가 제출한 강의(강습)계획서에 따라 강의가 이루어지지 않거나, 허위 부정한 방법으로 강의를 실시하는 경우
③ "위탁강사"가 수강생에게 폭언·폭행을 가하거나 금전을 요구한 경우
④ 강사의 원에 의하여 계약을 해지하고자 하는 때
⑤ 그 외 "공단"의 명예를 훼손하거나 이미지를 실추시키는 언행

제13조(해석) 본 계약서상의 조문 해석과 관련하여 쌍방 간에 이견이 있을 경우에는 상호 협의하여 결정하며, 본 계약서상에 명시되지 아니한 사항은 쌍방이 협의한 바에 따른다.

제14조(재판관할) "공단"과 "위탁강사" 사이에 분쟁이 발생하였을 경우 재판관할은"공단"의 관할법원으로 한다.

본 계약을 증명하기 위하여 계약서 2통을 작성하여 기명날인 후, 각각 1부씩을 보관하기로 한다.

2020년   월   일

"공   단" 인천시설공단   이사장   (인)
"위탁강사" 주   소 :
      생년월일 :   성 명 :   (인)

□ **창원시설공단 위수탁 계약서**

도급 계약서(안)

"창원시설공단 이사장 (OOO)"와 OOO 강사 "OOO"는 다음과 같이 운영에 관한 계약을 체결하고 상호 성실히 이행할 것을 약정한다.

제1조(목적) 창원시설공단 (이하 "공단"이라한다) 창원실내수영장 스포츠건강센터 생활체육 강좌의 원활한 진행과 제반 관리업무를 성실한 이행을 목적으로 한다.

제2조(계약기간) 본 계약의 기간은 2019. 6. 1 ~ 2019. 12. 31일까지이며 계약 종료 후 "공단"과 "도급강사"의 합의하에 재계약을 체결할 수 있다.

제3조(프로그램명 및 강습시간)
 1. 프로그램명 : 창원실내수영장 스포츠건강센터(다이어트댄스 1개 반)
 2. 강습시간 : 월·수·금 – 20:00(1개반)

제4조(강습료 배분 및 지급일)
① 강습료는 공단의 규정에 따라 정한 금액으로 한다.
② "공단"은 전월 20일부터 당월 19일까지 등록한 자의 총 강습료 수입금 중 "공단"이적용하는 할인금액 적용 후 부가가치세 10%를 공제한 금액으로 배분(공단: 40%, 도급강사 : 60%)하여 도급강사의 수입금중 사업소득세 (3.3%)를 공제한 금액을 익월 5일까지 "강사"에게 지급한다.
※ 강습료 할인 및 기타 공제는 공단(창원실내수영장) 운영방침에 준한다.

제5조(운영 및 관리의 범위)

① 강습반 운영에 관한 사항은 "공단"이 정하는 일시에 "도급강사"의 책임하에 강습을 행하는 것을 원칙으로 하며 강습반 운영 중 "공단"과 "도급강사"의 협의하에 강습반을 추가 하거나 강습시간을 변경 할 수 있다.

② 강좌를 개설하여 수강생을 마감한 결과 정원에 미달(정원의 30%이하)인 경우 및 공단 사정에 의해 강의가 곤란하게 된 경우에는 강좌를 폐지할 수 있다.

③ 수강생의 정원을 상당히 초과한 경우에는 "공단"과 "도급강사"의 협의에 의하여 강좌를 증설할 수 있다.

제6조(책임과 의무)

1. "공단"은 "도급강사"가 수행하는 강습이 원활히 이루어질 수 있도록 타 종목에 준하는 지원을 하며, "도급강사"는 성실한 지도 및 홍보로 회원증대에 노력하여야 한다.

2. "도급강사"는 강습 시작전에 강습회원에게 안전사고 예방에 대해 교육을 실시하여, 안전사고가 발생하지 않도록 노력해야 한다. "도급강사"의 부주의로 안전사고 발생시 경고 처분을 하고 2회 이상 경고처분시 계약을 해지할 수 있다.

3. "도급강사"는 강습시간 준수 및 성실한 강습을 행하여야 하며, 부득이한 사유로 출강할 수 없을 경우 사전에 "공단"과 회원에게 사유를 통보하고 향후 결강분을 보충하거나 타 강사에 의해 원활한 강습이 이루어질 수 있도록 조치하여야 한다.

제7조(손해배상 청구) 본 계약을 이행하는 동안 "도급강사"의 과실 등으로 강습을 제공받는 회원 및 "공단"에 신체상 재산상 피해를 입히는 경우 보상에 따른 상응하는 대가를 "공단"은 "도급강사"에게 손해배상을 청구할 수 있다.

제8조(계약해지 통보의무) "도급강사"가 계약을 해지할 경우, 계약 해지일 기준 30일전에 "공단"에 계약 해지에 대한 의사를 서면으로 표시하여야 하며, "도급강사"의 과실 등으로 계약해지 통보 의무를 불이행함으로써 공단에 손해를 끼친 경우에는 이를 배상하여야 한다.

제9조(계약의 해지) "공단"은 다음 각 호에 해당하는 사유가 발생할 경우 언제든지 본 계약을 해지할 수 있다.
1. "도급강사"가 강습과 관련한 비위 및 회원 선동으로 "공단"의 이미지를 실추시켰을 때
2. "도급강사"가 업무상 고의 또는 중대한 과실로 "공단"과 강습회원에게 손해를 끼쳐 경고 등 처분을 3회 이상 받았을 때(단 "도급강사"의 부주의로 안전사고관련은 2회로 한다)
3. "도급강사"의 강습반 운영에 필요한 능력이 심히 부적합하다고 판단되었을 때
4. 제4조에 의한 강습료외 일체의 명목으로 금품수수 등의 행위 사실이 발각되었을 때
5. 제3조의 강습반 운영이 중지되는 경우
6. 회원관리 및 강습의 불성실로 인하여 급격한 회원감소(전월 3개월 평균회원 30% 이하로)가 발생한 때

제10조(기밀유지) "도급강사"는 강습 중 취득한 "공단"의 경영상의 정보 등 일체의 기밀을 계약 중에는 물론 계약 종료 후에도 타인에게 누설하여서는 안되며 상기 사항의 위반으로 인한 민·형사상의 책임을 진다.

제11조 (재산권 등) "도급강사"는 본 계약으로 인한 어떠한 연고권이나 재산권을 주장 할 수 없다.

제12조(기타)
① 본 계약에 정해지지 않은 사항에 대하여는 사회 통념에 따라 "공단"과

"도급강사"의 합의하에 결정한다.

② 본 계약의 성립을 입증하기 위하여 계약서 2통을 작성하고 "공단", "도급강사"가 기명날인하여 각각 1통씩 보관한다.

2019. 5. 24.

"공단" : 명   칭 : 창원시설공단

　　　　주   소 : 창원시 의창구 원이대로 450(두대동 145번지)

　　　　대 표 자 : 창원시설공단 이사장 (인)

"강사" : 주   소 :

　　　　생 년 월 일 :

　　　　성   명 : 000 (인)

참고문헌

강태희(2014). 공공서비스시설 이용에 대한 영향요인 연구: 공공체육시설 이용에 대한 설문조사를 중심으로. 서울대학교 행정대학원.

광주광역시(2016). 광주광역시 체육진흥 5개년계획.

김미옥(2016). 공공체육시설 관리운영 개선방안. 한국스포츠개발원.

김미옥(2017). 민간자유업 체육시설 실태조사 및 관리방안. 한국스포츠개발원.

김미옥(2020). 국민체육센터 운영지원 방안 연구. 한국스포츠정책과학원.

김대희(2016). 스포츠산업진흥법 하위법령 개정방안 연구. 한국스포츠개발원.

김용동(2010). 공공체육시설 운영의 효율성 제고 방안. 대전발전연구원.

김우철(2020). 스포츠센터 전략경영과 기획론. 학사원.

김홍규(2020). 문화 체육분야 생활SOC 활성화를 위한 운영평가 지표 연구. 한국문화관광연구원.

김홍규, 김규원(2011). 공공문화시설 건립타당성 사전평가제 세부운영방안 연구. 한국문화관광연구원.

김홍기(2014). 승마시설의 수익성에 관한 연구: 제도개선 및 수익성 분석 중심. 건국대학교 부동산대학원.

김홍순, 유지곤(2006). 서울시 생활체육시설의 입지 요인 및 적정성 분석. 서울도시연구, 7(4), 37－52.

대구광역시 시설공단 내부자료 (2020).

문화체육관광부(2016). 제1차 체육시설의 안전관리에 관한 기본계획

(2016~2020).

문화체육관광부(2018). 전국 문화기반 시설 총람 2018. 진한엠앤비.

문화체육관광부(2019). 체육백서.

문화체육관광부(2019). 스포츠산업백서.

박정하(2018). 대구스타디움 등 공공체육시설 활성화를 위한 연구용역. 대구
　　광역시.

법제처(2015). 체육시설 설치·운영. 휴먼컬처아리랑.

배성기(2018). 전국 지방자치단체 민관 협업사무 운영 현황. 큰날개.

서울특별시(2014). 시정 주요분야 컨설팅 용역 보고서. 서울특별시.

서울시 감사관(2013). 체육시설관리사업소 종합감사결과 보고. 서울시.

소성규(2018). 양주시 공공체육시설 이용료 및 감면율 산정 연구. 양주시

손원(2012). 지방자치단체의 공공시설물 관리실태와 개선방안: 울진군 사례
　　를 중심으로. 경북대학교 행정대학원.

송명규(2007). 공공체육시설 관리 운영비 조달 및 지원방안: 국민체육센터를
　　중심으로. 체육과학연구원.

송명규(2009). 민간체육시설 경영효율성 제고를 위한 제도 개선 방안. 체육
　　과학연구원.

오연풍(2019). 전라북도 체육진흥계획. 전라북도

오창석(2014). 학습조직을 활용한 성과평가 시스템 재구축. 한국기방공기업
　　확회보, 10(1), 107－113.

윤태훈, 김성훈, 이성민(2015). 스포츠시설경영론. 대한미디어.

이정주(2018). 공공체육시설의 민영화와 효율성에 관한 연구. 연세대학교 대
　　학원.

이재수, 김성웅(2011). 서울시 공공문화복지시설의 입지실태와 공급방식 개
　　선방향. 서울시정개발연구원.

인천광역시 시설공단 내부자료 (2020).

정용식(2018). 공공체육시설 사용료 적정성 진단 연구보고서. 수원시

정진찬(2013). 서울시 자치구 산하 시설관리동단의 구민체육센터 운영 개선 방에 대한 고찰. 국민대학교 스포츠산업대학원.

조양근(2020). 2030 스포츠비전 경기도 중장기 체육진흥 기본계획. 경기도

조정현(2008). 청소년수련관의 수익사업 현황 및 개선방안 연구. 서강대학교 공공정책대학원.

한국경제조사연구원(2017). 인천시 공공시설물 유형별 사용료 산정 방안 모색 2. 한국지방세연구원.

한국스포츠연구원(2017). 한국체육과학연감 2018. 한국스포츠연구원.

한국체육사회연구원(2018). 한국스포츠총람 2018. 한국체육사회연구원.

한국콘텐츠미디어편집부(2013). 전국 스포츠시설 현황. 한국콘텐츠미디어.

홍익대학교 미술디자인공학연구소(2018). 대한체육회 연수원 유치를 위한 입지 타당성 연구. 전라남도 순천시.

저자소개

박영호
학사: 계명대학교 체육대학 체육학과
석사: 경북대학교 대학원 체육학석사 스포츠사회학 전공
박사: 경북대학교 대학원 이학박사 체육사 전공
현 대한근대5종연맹 공정위원
현 대학수영연맹 부회장
현 대구광역시 체육회 자문위원

신홍범
학사: 명지대학교 사회체육학과
석사: Illinois State University, U.S.A., Sport Marketing 전공
박사: University of New Mexico, U.S.A., Sport Administration 전공
전 Western Illinois University, U.S.A., 교수
전 DeSales University, U.S.A., 교수
현 한국스포츠산업경영학회 이사
현 한국골프학회 이사
현 계명대학교 체육대학 사회체육학전공 교수

체육시설 강습운영 개선 방안: 대구광역시를 중심으로

초판발행   2021년 6월 30일

지은이   박영호·신홍범
펴낸이   안종만·안상준

편 집   전채린
기획/마케팅   장규식
표지디자인   Benstory
제 작   고철민·조영환

펴낸곳   (주)**박영사**
               서울특별시 금천구 가산디지털2로 53, 210호(가산동, 한라시그마밸리)
               등록 1959. 3. 11. 제300-1959-1호(倫)

전 화   02)733-6771
f a x   02)736-4818
e-mail   pys@pybook.co.kr
homepage   www.pybook.co.kr
ISBN   979-11-303-1359-7   93690

정 가   13,000원